Thriving in the GIG Economy

How to Capitalize and Compete in the New World of Work

零工经济

在新工作时代学会积累财富和参与竞争

[美] 玛丽昂·麦戈文（Marion McGovern） 著
邱墨楠 译

中信出版集团 · 北京

图书在版编目（CIP）数据

零工经济：在新工作时代学会积累财富和参与竞争 /（美）玛丽昂·麦戈文著；邱墨楠译 . -- 北京：中信出版社，2017.11

书名原文：Thriving in the Gig Economy: How to Capitalize and Compete in the New World of Work

ISBN 978-7-5086-8231-0

I. ①零… II. ①玛… ②邱… III. ①经济学－通俗读物 IV. ① F0-49

中国版本图书馆 CIP 数据核字（2017）第 251692 号

零工经济——在新工作时代学会积累财富和参与竞争

著　　者：［美］玛丽昂·麦戈文
译　　者：邱墨楠
出版发行：中信出版集团股份有限公司
（北京市朝阳区惠新东街甲 4 号富盛大厦 2 座　邮编　100029）
承 印 者：北京通州皇家印刷厂

开　　本：880mm × 1230mm　1/32　　印　　张：9.25　　字　　数：173 千字
版　　次：2017 年 11 月第 1 版　　印　　次：2017 年 11 月第 1 次印刷
京权图字：01-2017-5442　　广告经营许可证：京朝工商广字第 8087 号
书　　号：ISBN 978-7-5086-8231-0
定　　价：45.00 元

服务热线：400-600-8099
投稿邮箱：author@citicpub.com

推荐语

“玛丽昂·麦戈文为我们提供了一个灵敏且可贵的零工经济（Gig Economy）‘导航仪’。她用清晰的语言、丰富的经验、能够迅速上手的实践指导和可以带来成功结果的实际工具代替了故弄玄虚的商业术语、高深的理论、不接地气的方案和晦涩的策略。你会被这本细致、机敏、易读的小书所吸引，并且充分运用它的内容。买下它并付诸实践吧！”

——路易斯·帕特勒（Louis Patler）

商业、创新、趋势集团（The B. I. T. Group）主席

《创造自己的潮流》（*Make Your Own Waves*）作者

《如果它还没破，请亲手打破它！》（*If It Ain't Broke... Break It*！）作者

“《零工经济》一书巧妙地描绘了多种自由工作者的形象，为专业人士和相关客户提供了宝贵的建议。这是任何考虑投身零工经济工作的人必读的一本充满远见的书，也是考虑实施独立劳动力项目的公司值得一读的书。”

——吉恩·扎诺（Gene Zaino）

MBO 伙伴公司（MBO Partners）首席执行官

“《零工经济》是任何对未来工作感兴趣的人或相关人士的必读之作。如果你是按 1099 表格报税的自由工作者，且正在无数机会和陷阱中寻找自己的方向，阅读这本书将为你节省大量的时间和金钱——玛丽昂为你搞定了一切！”

——查德·尼斯克（Chad Nitschke）

邦克保险公司（Bunker）首席执行官、联合创始人

“在《零工经济》一书中，玛丽昂·麦戈文为那些想要掌控自己职业生涯并且在零工经济中取得成功的人士提供了来自专家和真实世界的建议。作为该领域领先公司的创始人，她深知这种不受传统‘职业’影响的工作的潜力和可能的挑战。她以引人入胜、组织有序的风格细述了这些细节。阅读这本书，你可以掌握创造职业生涯和工作生活的优势，从而适应我们这个需求日渐增长的世界。”

——巴里·阿辛（Barry Asin）

人力资源行业分析公司（Staffing Industry Analysts，简称 SIA）主席

“不论你是一名寻找新机遇的经验丰富的专业人士，还是一名努力寻找合适工作的大学毕业生，《零工经济》都是你必需的生存指南。工作的特性已然发生改变，这种独立劳动力的新模式带来了更大的灵活性、安全保障和创业精神，是一种令人兴奋的新发展。你必须读一读这本书！”

——辛西娅·克利夫兰（Cynthia Cleveland）

广思品牌战略公司（Broadthink）首席执行官、董事

推荐语

“这是你获得有关零工经济大量信息的首选来源——例如怎样建立品牌、设置定价、找到与你的技能相匹配的工作、管理就业危机、掌握支持这个快速发展的部门的生态系统等。”

——韦恩·F. 卡肖（Wayne F. Cascio）

科罗拉多大学（University of Colorado）博士、特聘教授

全球领导力项目罗伯特·H. 雷诺兹（Robert H. Reynolds）主席

《国际商业研究杂志》（*Journal of International Business Studies*）编辑

就读于科罗拉多大学丹佛校区的商学院

“如果零工经济还没有影响到你，那么也快了。如果你想在我们正在经历的经济变革中保持领先，那么《零工经济》一书就是你的必读书目。”

——迈克·费思（Mike Faith）

耳机网公司（Headsets. com，Inc.）首席执行官

“对于任何真正想在不断发展的零工经济中生存下来，或是不仅仅生存下来的那些想要成为独立咨询师的人士、新晋咨询师或经验丰富的咨询师而言，《零工经济》都是必读的一本书。玛丽昂·麦戈文早在‘零工经济’概念成型前就形成了创业热情以及开创和运营专注于该市场的成功业务的专业经验，加之她近期对经济变化和发展的研究，这些一同为读者提供了能够真正在零工经济中繁荣发展的工具、建议、技术和资源！”

——杰夫·海斯（Jeff Hayes）

CPP 公司主席、首席执行官

“我在职业生涯中已经与玛丽昂相识25年了，在互联网热潮兴起又破灭、破灭又兴起的经济变化中，我看着她赢得了创业和人力资源创新同行的尊敬。无论你是在经营一项业务，还是重返管理博弈，或者只是试图跟上就业市场的变化，她对被我们称为‘零工经济’的见解都是非常珍贵的。《零工经济》将提供宝贵的见解，并与企业家、经理和高管们产生共鸣。”

——卡伦·本克（Karen Behnke）

果漾美颜公司（Juicy Beauty）创始人

“本书信息丰富、可读性强，提供了大量有用的技巧、优质的观点以及对任何有兴趣投身零工经济的人的忠告。我自己刚刚做出了参与零工经济的决定，我发现玛丽昂的指导是及时且无价的。”

——德克·索德斯多姆（Dirk Sodestrom）

M Squared咨询公司（M Squared Consulting）前任管理合伙人

“阅读这本书就好比获得了一个专门针对零工经济的工商管理硕士学位。玛丽昂的写作兼具了只有成功企业家才能带来的深度和实用性。就让这本书成为针对我们经济中这一不断发展的部分的指南吧。”

——阿图尔·瓦西斯塔（Atul Vashistha）

尼欧咨询集团（Neo Group）和才智供给公司（Supply Wisdom）主席

推荐语

“《零工经济》轻松地向读者展示了一个巨大的不断变化的产业，告诉我们经理是如何招募人才的，咨询师是怎样得到一个项目的，以及这背后所有复杂的问题。她同时定义了‘共享经济和按需经济’，这些经济模式中包含了大量应用科技且无须与人接触的服务。”

——米歇尔·博格斯（Michelle Boggs）

麦金利营销伙伴公司（McKinley Marketing Partners）首席执行官

“《零工经济》强有力地支持了灵活使用咨询师和临场劳动力的方式。对于关注人才招聘和人才外包两种方式利弊的任何一位高层管理人员而言，这都是一本必读之书。这本书为那些有抱负的或是新晋的独立承包人提供了详细的操作步骤，说明了如何熟练地开创成功业务的方式。”

——迈克尔·卡佩卢提（Michael Cappelluti）

高地咨询集团（The Highlands Consulting Group LLC）主席

“玛丽昂·麦戈文是零工经济的先锋，她在 1988 年创建了 M Squared。在过去的 30 年间，由于技术的进步、全球化的进程和社会的变迁，我们的工作方式已经发生了改变，而玛丽昂一直是整个进程的领导者。她的这本新书《零工经济》，是我读过的有关我们新工作世界的最深刻的分析，提供了有助于我们在其中蓬勃发展的建议。”

——保罗·威特克（Paul Witkay）

首席执行官联盟（Alliance of CEOs）创始人、首席执行官

“麦戈文为咨询师、零工工作者和个人企业家等在新工作领域中寻求发展的人士提供了从品牌维护到财务管理的实用且毫不含糊的洞见。本书提供了来自潮流尖端人士的针对如何在新工作领域中蓬勃发展的及时观察，为那些专注于成功的人带来了丰富的经验、实用的想法和实践内容。从建立品牌到优化财务业绩和个人满意度，麦戈文为那些希望在零工经济中繁荣发展的人士提供了可操作的观点和实践内容。”

——威拉·塞尔登（Willa Seldon）

布利吉斯潘集团（The Bridgespan Group）合伙人

“所有企业都会受到零工经济的影响，零工经济提供了巨大的商业前景，同时也带来了很多困惑。《零工经济》提供了所有必要的信息，从而确保任意规模的任何企业都能够充分利用这一趋势，而不是被它所干扰。本书对那些认识到零工经济既是机遇又是风险的人来说是无价的。《零工经济》还提供了更广阔的背景资料，阐述了零工经济的大规模爆发以及它是如何重塑各种规模的企业的。它同时还为任何想利用零工经济发展自己业务的人提供了详尽的操作指南。”

——苏珊·布顿霍夫（Susan Butenhoff）

品牌整合传播有限公司

（Access Integrated Brand Communications）首席执行官

“玛丽昂·麦戈文给我们提供了一份有关未来的绝妙路线图。

推荐语

作为一名企业家和高端独立人才领域的先锋，她给我们带来了独特的视角，让我们所有人都认识到了这个新兴市场的潜力。”

——乔迪·格林斯通·米勒（Jody Greenstone Miller）

商业人才集团（Business Talent Group）联合创始人、首席执行官

献给我了不起的家人，

杰里（Jerry）、摩根（Morgan）、诺拉（Nora）和

凯文（Kevin）。

成为我们“部落”的一员是我有史以来最好的零工工作。

致　谢

“我只想感谢每一位让这一天成为必然的人。”

——约吉·贝拉（Yogi Berra）

当我写作这本书时我才发现，这个过程就好比开创一家公司。起初，这个想法只存在于你的脑海里，随着你思考得越来越深入，想法便发生了演变。在某些时候，你会邀请其他人加入，与他们分享你的想法，了解他们的反应和意见。有些评价或许会被你记住，但另一些则不会，因为这毕竟是你的想法。这样，在你记录需要回答的问题时，你调整和澄清了一些内容。然后，你便可以计划如何将这个想法付诸实践了。你从回答那些问题着手进行这项工作，挖掘本质问题，揭示真相，这有助于推进你的行动。对于非虚构类作品的作者来说，最后一个步骤尤其需要人的介入，因为对内容专家的采访是提炼信息的关键。

在这个阶段，尽管可能会偏离原有路线，但有趣的是，作者的旅程多少都更有风险。企业家在发布自己的产品或服务后，很快便会收到来自市场的反馈。顾客对某些特性或功能的反应可能会让企业家对产品进行调整，从而更好地满足客户需求。在持续的反馈循环中，市场通过客户的不断惠顾检验了产品。

另外，作者会展开自己的写作过程，但不会根据市场的建议进行调整，而是会用经过深思熟虑的文学形式进行修改。作者无法获得可以让企业家完善自己服务的持续反馈循环。因此，作者必须在无法检验的情况下，带着这本书走出孤立无援的困境，同时希望自己传达的内容是清晰、全面且有价值的。

为了所有参与此书创作的人，我的这种希望非常强烈。套用希拉里·克林顿（Hillary Clinton）的话说，写一本书需要动用整个村子。非常幸运的是，我拥有的不仅是一个村庄，而是一个真正的大都市。

如果没有专家们在那么多的主题上投入自己的时间、见解和观点，本书则无法顺利完成。他们中的许多人都是我在 M Squared 时就相识的老朋友和同事。实际上，那些际遇都是从 M Squared 开始的。我采访了 M Squared 的总经理德克·索德斯多姆，了解了他对当前和未来独立专家市场的观点，我不得不说，对他的采访出乎我的意料。也就是说，这可能是我最为重要的采访之一，因为它为我奠定了作为一个知情观察者而不是参与者的基调。德克不断给我带来许多帮助，他为我提供了接触其他团队成员和咨询师的机会，并且让我使用 M Squared 的人才网络作为我独立咨询调查的重要部分。

读者可能注意到我不仅谈论了许多有关 M Squared 的内容，同时也提到了商业人才集团和 MBO Partners 这两家公司，我对它们有着多年的了解。我对它们的领导层——乔迪·米勒和吉恩·扎诺非常信任。他们两位都是独立劳动力市场的关键人物，他们慷慨地奉献出了自己的时间，在写书过程中给予了我极大的帮助。同样，麦金利营销伙伴公司的米歇尔·博格斯也很高兴在相识多年后重新联系。我在首席执行官联盟的同事也乐意参与进来，特别是聪明人咨询公司（Clever）的卡特·林肯（Cat Lincoln），还有桑多尔·索柯特（Sandor Sochot）、内森·班沃特（Nathan Banwart）和克里斯·尼尔（Chris Neal），以及其他愿意向我公开他们咨询师职业生涯的几位。此外，青年主席组织的同事兰詹·辛哈（Ranjan Sinha）、迈克·卡佩卢提（Mike Cappelluti）和莱斯利·伯格伦德（Lesley Berglund）也很乐意让我分享他们的故事。

我的许多采访对象都是和我没有丝毫关联的人，有些人来自网络邀请。尽管很多公司拒绝了我的采访［很明显我们的工作联合办公空间（WeWork）在原则上不愿接受任何人的采访］，但还是有许多人立即给予了我便利。他们包括短雇人才平台（SpareHire）的维克拉姆·阿肖克（Vikram Ashok）、内行公司（Experfy）的哈普瑞特·辛（Harpreet Singh）、精介公司（Zintro）的斯图尔特·卢坦（Stewart Lewtan）、邦克保险公司的查德·尼斯克、专家360公司（Expert360）的布丽奇特·劳登（Bridget Loudon）和保罗·安德森（Paul Anderson）、个人品牌建设平台（Brandyourself）的帕特里克·安布罗（Patrick Ambron）、秘密工作者公司（Stealth Worker）的肯·贝勒（Ken Baylor）、伯乐公司（Boonle）的安东尼奥·卡拉布雷西（Antonio Calabrese）、找顾问法律平台（UpCounsel）的梅森·布莱克（Mason Blake）、工作市场公司（WorkMarket）的斯蒂芬·德威特（Stephen DeWitt）、终选人公司（Shortlist）的乔伊·弗雷泽（Joey Fraser）、临时高管联盟（Interim Executive Association）的罗伯特·乔丹（Robert Jordan）、轮班精灵公司（ShiftPixy）的史蒂文·霍姆斯（Steven Holmes），以及领英公司（LinkedIn）的凯瑟琳·费希尔（Catherine Fisher）。

不少专家和权威人士都慷慨地与我分享了他们的见解。我尤其要感谢新兴调研公司（Emergent Research）的史蒂夫·金（Steve King）、德勤（Deloitte）的埃蒙·凯利（Eamonn Kelley）、科罗拉多大学的韦恩·卡肖教授、未来工作组织（Future of Work Organization）的雅各布·摩根（Jacob Morgan）以及单飞计划（The Solo Project）的乔治·金德伦（George Gendron）。

如果没有以上这些内容方面的专家，我就无法构建写作本书所需的整个知识体系。然而，如果没有我的读者，我也不可能用最好的方式和大家分享这本书。当我撰写第一本书时，我还在运营 M Squared，因此，我的员工成为我的内部编委会。然而，这本书却不一样。在我将手稿提交给出版社的前几个月，我意识到我需要了解其他人对这份手稿的意见。我需要一些了解本书主题并能够验证我观点的人，以及能够试读的新手（帮我判断我的阐述是否能够让不了解这一工作领域的人读懂）。我的前任合作伙伴葆拉·雷诺兹（Paula Reynolds）和克莱尔·麦考利夫（Claire McAuliffe）出色地扮演了这样的角色，他们对内容的基础有着深刻的了解，因此能够非常熟练地针对这些新材料提出质疑。还有一组了不起的人士帮我完成了后一项工作，其中最著名的包括苏珊·卢皮卡（Susan Lupica）、艾莉森·赫斯（Alison Hess）和比尔·默里（Bill Murray）。在我谈到数字平台问题时，我希望找到不同年龄段的人来帮我确认我的故事和解决方案是否适合各个年龄层次。我优秀的外甥女梅根·马萨龙（Megan Massaron）和萨拉·诺顿（Sara Naughton）就是X一代*的代表。而我的女儿摩根·麦戈文（Morgan McGovern）和诺拉·麦戈文（Nora McGovern）则为我带来了千禧一代的视角，她们对此展示了自己的写作能力，让我觉得我们在她们教育上的投入是值得的。

在本项目运行初始，我的前任董事会成员路易斯·帕特勒帮了我一个大忙，他帮我解答了是否要进行独立出版的问题。在做出“不”的决定之后，他还向我介绍了一名代理人约翰·威林（John Willing）。约翰的建议非常有效，他帮助我明确了信息，确定了目标读者以及关键的销售要点。

最后，我要感谢我了不起的丈夫杰里，虽然他并不是很理解我为什么要将本可以多打几次高尔夫球的时间都用来写这本书，但他依然非常支持我。他容忍了错失的美餐、被我花在写作上的周末以及我在临近交稿日时那些不太愉快的情绪。现在，所有事情都告一段落，没什么好担心的了——亲爱的，生活会有变化。既然本书已经完成，我可以重新回归自己的生活了，现在我很期待打上一场高尔夫球。

---

* 指出生于20世纪60年代中期至70年代末的一代人。——译者注

目　录

目　录

序

我从事了 20 年新闻业里最好的工作。我曾领导过一个打造了 *Inc.* 杂志品牌的创意团队，创造了 *Inc.* 杂志美国增速最快 500 强公司（Inc. 500）榜单，发布了 Inc. com 网站。在 20 世纪 80 年代和 90 年代，我和我的同事们有幸记录了从工业经济到由创业和创新驱动的经济体系的转变。

起初没有人在意我们表达的内容。毕竟，我们是一群管理着一份自命不凡的出版物的孩子。当彼得·德鲁克（Peter Drucker）等作者开始对正在发生的事情发表自己的见解时，情况有了改变。例如，德鲁克将创业型经济的出现称为“20 世纪下半叶最重要的发展”。

现在，又一个新的转变正在上演。它目前仍处于起步阶段，但是它的势头强劲，会影响到我们所有人。在本书里，玛丽昂·麦戈文将这个转变称为“零工经济”。而在我的新项目“单飞计划”中，我和我的合作伙伴将之称为“单飞运动”。不论你怎么称呼它，这种经济工作方式上的转变在某些方面比我们曾经在 *Inc.* 杂志里记录的那些还要重要。这种转变是个人化的，它在个人层面上深刻地影响着我们。

我是这样想的，尽管我们的经济持续不断地创造着新的工作，但越来越少的工作会被包装成“职业”呈现给我们。由于科技和全球化带来了快速变革，越来越多的工作被“切分”成了项目。我们中的许多人发现，挑战在于找到融入这种项目式经济的方式，而非出门找个工作。换句话说，我们越来越不需要找一份工作，我们需要为自己设计工作，为打造我们自己的专业实力和财务保障而负责。

我和我的合作伙伴曾经与数百个人进行过交谈或采访，他们当中包括我们所熟知的在商业、金融、学术和政策领域里较聪慧的人士——但他们依然认为这种现象距离我们还很遥远，好似“未来的工作”。好吧，就像我最喜爱的一位作家所说：“未来已然到来，但它的分布并不均匀。”

以下是一些来自这种“未来”的报道，它们来自我和我的合作伙伴奈特基金会（Knight Foundation）合作的研究项目，它指出了这种单飞现象给城市领导者带来的影响。

- 根据兰德公司（RAND）和普林斯顿大学的一项联合研究，2005—2015 年，全职的传统劳动力将不再出现增长，同时，选择“非传统工作协议”的人数将增加 67%。报告得出这样的结论：“这些预估所带来的一个令人惊讶的暗示在于，美国经济上的就业净增长似乎都出现在非传统工作中。”
- 最新的盖洛普（Gallup）年度劳动力调查显示，仅有 32% 的美国工作者按部就班地上着班，2/3 的自由工作者表示他们认为自己的工作让人充满成就感。
- 在那些从传统工作向独立工作转变并且已经持续了 12 个月

的个体中，有80%的人认为他们不会考虑重返传统职业，这其中也包括那些因为失业而单飞的“被动”单飞者。

对我们中的一些人来说，这是令人欣喜的。科技、娱乐、设计（TED）演讲创办人理查德·索尔·沃尔曼（Richard Saul Wurman）对这种工作方式做了这样的总结：“人们可以围绕对有趣工作的追求来设计自己的生活，这在人类历史上是第一次。”我和我的合作伙伴对此要补充的是，我们现在还能够和自己欣赏且信任的伙伴一起为我们尊敬的客户完成有趣的工作。

然而，我们知道对于很多人而言，这种变革是令人生畏的，它需要全新的技能和心态。毕竟，我们一直是以成为一名优秀的组织中的人为目标而被教育和培养大的。

我们所需的是再教育，这可以帮助我们一同构建蓬勃发展所需的技能和个性。如果管理思维是由“我们如何才能将自己的组织做得更好”这种问题引发的，那么我们迫切需要的是由“我们怎样才能将自己的工作做得更好”而引发的新探索。

本书就是这种探索的明智开端。

现在的书架上充斥着种种“自我提升”类书籍，但本书却不一样。首先——或许也是创业领域最重要的一点——这本书中的观点是经过实践检验的。你很快就会发现，你的发展就在某个人的掌控之中，她成年后的大部分时间都用于创造架构，为他人实现自己的创业梦想提供支持。回到20世纪80年代末期，当时，独立专业工作者还被认为是找不到体面工作的人，麦戈文开创了一个大胆而成功的平台，为独立咨询师开创了市场。麦戈文的M Squared在

Inc. 杂志的美国增速最快 500 强公司榜单中获得了一席之地，当时我和我的同事也是第一次见到这位杰出的女性。

1993 年，麦戈文开创了科拉布拉斯公司（Collabrus），这是首批解决不光彩且又至关重要的劳动合规性问题，提供工资服务，使得独立承包人的工作得以实现的公司之一。2001 年，她出版了《新时代专业人士》（*A New Brand of Expertise*）。现在，为了这本新书，她依然在努力将自己的实际经验分享给追求更好工作的新一代自由工作者。

创业并非一种职业，而是一种生活。选择独立工作就好比开创一家有风险投资支持的公司的创业行为。在这样的旅途中，你并不希望得到新手顾问的建议，你需要一名曾经经历过这些的资深顾问，而这位顾问不会忘记心理和情感上的挑战与战略和战术一样重要。这就是你会从麦戈文那里得到的。这本书就是找到麦戈文的最快捷的方式之一。

——乔治·金德伦

乔治·金德伦曾在 *Inc.* 杂志担任了 20 年的主编。他曾是马萨诸塞州克拉克大学（Clark University）创业中心的创办人和主管，现在是“单飞计划”的联合创始人和常务董事。“单飞计划”是一个旨在支持独立专业工作者和创意人员的新项目。

导　言

“世上无新事，唯有你未知的历史。”

——哈里·S. 杜鲁门（Harry S. Truman）

2015 年夏天，我经历了一次有点儿超脱的体验。我接到了三个邀请，原因都在于我开创和运营 M Squared 的经历。这是一家我创办于 1988 年并于 2005 年出售的公司，此后直至 2014 年，我一直担任该公司的董事成员。M Squared 在它的时代算得上是创新者，它是美国首个为客户项目匹配独立专业资源的公司。我们早在这项工作成为一门学问之前就进入了零工经济领域。离开该公司两年后，在两个月的时间里，我接到了一系列有关这一领域的电话，我的兴趣又一次被点燃了。

其中的一个电话来自一名风险投资人，该投资人想要为因家庭原因离开职场的职业女性搭建一个市场平台。该平台可以为她们找到零工工作，培训她们使用最新的职场工具，为她们组织“职业妈妈论坛”。另外一通电话来自一家私人股本公司，该公司计划为非洲东部按需能源行业的工人打造一个市场平台。原油领域的人员配置问题难度很高，因此，为潜在的工人创造一个合格的缓冲机制能够缓解生产问题。最后一个电话来自两个科技领域的成功企业家，他们正在为初级专业新员工打造一个市场平台，减少招聘过程中人为监控的需求。就像申请大学时的常见过程那样，这个人工智能的前端将会识别出初级管理级别员工的最佳人选。

这三组投资人都提到了“市场平台”这一要素。至少一家（即招聘网站）被认为是对当前市场环境的重大干扰。其他两家则被视为瞄准了缺少服务的大型市场里的机遇。而最重要的可能是，上述三种技术都是由技术人员发起的。这些平台是为了人力资本而开设的，与企业并不相关。说得更简单些，这些开发中的服务是由那些从来都没有运营或筹办过服务企业，甚至从来都没有提供过软件服务的人设计的。

我们公司的特点之一就是我们在虚拟咨询工作中为客户提供高度接触性服务，因此，我对每项议题的关注点都围绕着这个过程中的人性化因素。我提出了有关女性咨询师、原油工人以及招聘者在交互上的特点等问题，质疑这些人与网站合作的理由。我想知道投资公司为何会支持这种服务，同时，我也发现它们并没有考虑针对需求端的销售模式。其中一位风险投资人傲慢地回答了有关获得零工工作的问题，他说：“我们会从谷歌抓取所有的公开职位记录。”我不忍心告诉他咨询市场并不是这样运作的。

尽管如此，我们讨论了盈利模式、知识产权问题、合同要点以及隐私问题。这种头脑风暴非常有趣，并且让我意识到我曾经熟悉的零工经济正在进一步发展。

那些讨论促使我重新思考这种我曾经运营过相当长时间的按

需咨询市场。市场平台的建设速度飞快，但是它们的算法真的能够取代战略性的判断吗？在我的经验中，客户使用中介的一个理由是为了减少来自大量自动订阅和在线简历的干扰。如果 M Squared 说“你应该和玛丽、哈里还有克里斯谈一谈，这就是原因”，那么这对很多工作过度、压力过大的经理而言，都是一种解脱。一个优质的算法真的能够提供同样水平的安慰，并且因此减少这个过程中的人力消耗吗？如果我们真的能够通过自己的人员推动所有的业务创新，那么我们招募到这些人的过程难道对他们没有什么价值吗？这一理念引发了其他问题，例如，随着市场的激增，咨询师们会怎么做，是加入所有的平台呢，还是押注在少数他们最喜欢的平台上？

另外，我生活在旧金山，这是优步（Uber）的总部及其竞争对手来福车公司（Lyft）的所在地。这带来了源源不断的有关共享租车市场平台以及它们是如何对待自己的人力伙伴——司机——的故事。所有这些有关优步司机应该成为雇员还是合同工的讨论，似乎淹没了零工经济的其他方面。我过去所在的领域、高端咨询师以及他们在零工经济中的经历，似乎都已经被淡忘了。

鉴于此，我决定重新审视我在 2001 年写的《新时代专业人士》一书。该书聚焦高端独立咨询师和他们的服务市场。除了阐释这个新现象究竟是什么之外，它还为那些想利用这些服务的公司和走上独立工作道路的咨询师提供了指导。尽管很多部署按需专业资源的商业理由没变，但整个环境已经发生了变化。因此，高端零工工作者构建自己的能力、市场以及服务合同的方式也发生了变化。同样地，公司现在可以通过多种渠道获得这样的专业资源，因此，内部的审核过程就变得更加重要。

此外，公司现在必须以不同的方式进行组织，才能高效地部署这些零工工作者。更重要的是，它们必须用新的方式给自己的劳动力赋能，因为它们不仅要和零工工作者打交道，还要为自己的员工在未来成为零工工作者做准备。

重新审视这一主题让我感到很兴奋，因为我已经不再是市场的参与者。尽管我在《新时代专业人士》中表现得非常中立，它依然是我的老东家 M Squared 的一个宣传工具。而这次我只是个旁观者，因此，我对公司、业务模式以及行业发展的观察是更坦诚的。这个领域中有更多的人愿意和我沟通，因为他们认为我现在是没有倾向性的。

而他们也确实和我沟通了。为了理解零工经济世界的新领域，我必须——用哈里·杜鲁门的话来说——学习我不了解的历史。为此，我采访了数字平台公司的一些友好的首席执行官、首席运营官和首席技术官。我了解了针对网络安全专家或大数据科学家等高端专业人才的全新平台。我与专业咨询公司进行交流，这些公司拥有狭义上的人才资源，如社交媒体影响力人物或资深临时经理等。我曾和开发附属系统的企业家会面，他们开发的系统能帮助公司更好地部署咨询师、管理独立承包人及合同雇员的合同和付费工作。我还与开发平台以及让咨询师获取和购买他们在新工作领域中所需的保险及退休金项目的企业家会面。最终，我与业内权威人士进行了交流，了解我们在这场运动中身处何处，是在尖端还是在低谷，从而更好地理解了未来的工作世界。

除了这些采访，我还成为零工经济的参与者。（或者可以说，我的角色超越了参与者，因为根据定义，我是一名做着规律性零工工作和两份带薪董事工作的“临时自由工作者”，有关这些定义我将在第二章详细讨论。）为了了解它们的操作步骤和其与社群的沟通方式，我加入了所有我符合条件的数字平台，也加入了一些我不符合条件的平台。我很想知道有多少平台能给我带来零工工作。在我加入的九个平台中，只有三个给我提供了机会。其中只有一个工作是和我的专业背景有关的，这是个很有趣的数据点，但只有这么一点。正如我之后在第五章所说的，你必须充分运用这些平台，才能让它们给你带来成果。而过了一段时间，这本书的写作阻碍了我在这些平台上的工作。

我同样也成为客户，我利用数字平台为我的个人网站找到了程序员，同时也找到了市场调研服务，从而获得了有关这个新工作世界中不同参与者的数据。网站编程工作在某种程度上成了我的噩梦，在我最终找到一位可以按我的期望完成工作的人之前，我在两个大洲找了三位程序员。这个项目最终取得了进展，但之前的程序员带来的错误导致我们还有更多的工作要做。我对最终的成果并没有感到欣喜，甚至连同我的新程序员菲尔（Phil）也不太开心，即便这对他而言是一项有利可图的工作。成为平台客户是非常有启发性的，因为这有时令人感到惊讶，又常常让人困惑，但它有助于我对今天这种工作形式形成自己的认识。

此外，我甚至考虑过成为一名优步司机，但是我驾驶的是一辆捷豹敞篷车，通常顶篷都是被放下来的，这似乎并非一个可行的选择。

在写作过程中，我和朋友及同事讨论了本书，因此，我开始注意到一些非常重要的事实。很多人对这个新兴人才市场的多样化商业模式一无所知。比如那些真的会通过市场寻找大数据极客的首席执行官们，他们根本不知道有这样的网站存在。在我们就我的一些发现进行讨论时，一家大型咨询公司的西海岸经理因发现有人终于理解了这种新型工作领域而感到松了一口气。"我只能试一试。"我回答道。

我的成果是一本书，希望这本书能够让我们对这个非常合时宜的主题有所了解。在某些方面，本书也许太及时了。我的第一本书《新时代专业人士》并没有提供章节注释，而本书平均每章有约10个注释。这是因为即便不是每天，每周也会有零工经济的新信息涌现出来。我在2016年1月展开了研究工作。在我开始写作本书时，市场上已经有四本讨论这种现象要素的书籍以及三个主要行业研究，其中最著名的是麦肯锡全球研究所（McKinsey Global Institute）对这一主题的首个综合性报告。此外还有五项行业研究，包括MBO Partners的年度《美国独立工作者状态报告》（*State of Independence in America*）（该报告被认为是该领域数据的一致性来源），以及行业协会——人力资源行业分析公司的名为"测量零工经济"（Measuring the Gig Economy）的新研究。有时候，我觉得自己被数据淹没了，因此我尽自己的最大努力去理解它们。这并非易事，因为所有这些研究都有自己的一套方法、潜在的假设和相应的结果。我试图收集一些重要的事实，这些事实可以让我的读者更好地了解零工经济的内部运作方式。

我呈现的内容是经过仔细研究的，但我并没有从学术视角考察这个新兴工作领域出现的原因和方式，以及它的运作和发展。《零工经济》一书将对这些趋势的重要方面以及其对个人和企业的影响进行深入研究。它将对数字人才市场及其如何适应人才市场的方式进行阐释，并且概述这些市场的特点和成本结构。

尽管不是一本指南手册，但是本书有望提供一个清晰的阐释，告诉我们零工经济参与者（从为客户公司提供服务的工作者到服务提供商）如何才能在这个新兴市场中取得成功。本书先让我们就零工经济的定义达成共识。接着，本书开始讨论零工经济中的角色，他们的数量、人口统计以及动机。相应地，本书还讨论了公司是如何利用这些自由职业者的，这也是工作者为了自身的发展而必须了解的。紧接着，本书对比了传统中介公司和数字人才平台，阐释了它们的不同之处，以及个人该如何更好地利用这些工具来发挥自己的长处。本书深入讨论了个人品牌，并对如何打造数字品牌进行了广泛的探讨。虽然对很多人而言，就这种工作模式的法律问题进行解释并没有那么有趣，但它的重要性与管理工作的小窍门是不相上下的。这样做的目的是给读者提供一个框架，让他们可以构建出属于自己的、可以在新工作领域中蓬勃发展的心理模式。

本书的结构是为了确保读者能够通过阅读本书获得可以为己所用的价值而设计的。有关销售策略、定价、合同条款和创造理想独立工作环境的章节，旨在为现有的零工工作者和那些正考虑尝试这一方式的人提供实际的帮助。同样地，我还提供了有关成功实践的指导以及热门自由职业应用软件清单，讨论了获得福利的方式，并以独立工作者的身份提出了营造社区的观点。每一章都包含“本章要点”部分，向读者强调为了成功发展而必须领会的要点。

由于这门学问正在持续发展，我还得提供一些有关未来的观点。简而言之，这一趋势只会继续发展并持续下去，因此，未来看上去是光明的。尽管如此，由这种发展所带来的法律、监管以及社会问题仍有很多，需要在未来加以解决。就如韦恩·格雷茨基（Wayne Gretzky）所言，他之所以能够成为一名伟大的曲棍球运动员，是因为他能够预测球的运动方向。希望我的读者们通过预测未来可能发生的变化，也能够成为零工经济中更加成功的预测者。

写作本书的过程就好比一场冒险，我从这个过程中学到了很多，非常期待与大家分享接下来的内容。

第一章

到底什么是零工经济

THRIVING IN THE GIG ECONOMY

“说不服，绕糊涂。”

——哈里 · S. 杜鲁门

第一章 到底什么是零工经济

近来，有关零工经济的新闻随处可见。世界似乎沉浸在对这种全新工作领域的研究和倡导之中。政治家们谈论它，记者、商业人士和政策制定者也谈论它。有趣的是，这些讨论通常都没有一条共同的主线。以下是近期的新闻：

《有报告表明，技术专业人士将主导零工经济市场》（Skilled Professionals Will Dominate the Gig Economy，Report Says），戴维·威廉斯（David Williams），《小型企业趋势》（*Small Business Trends*），2016 年 3 月 17 日；

《整个在线零工经济大多数或将成为优步》（The Entire Online Gig Economy Might Be Mostly Uber），乔希·祖博（Josh Zumbrun），《华尔街日报》（*Wall Street Journal*），2016 年 3 月 28 日；

《大部分零工经济的好处完全是虚构的》（Most Benefits of the Gig Economy Are Completely Imaginary），丽贝卡·史密斯（Rebecca Smith），《石英》在线杂志（*Quartz*），2016 年 3 月 4 日；

《零工经济正在成长，势头了得》（The Gig Economy Is Growing and It's Terrifying），汉密尔顿·诺兰（Hamilton Nolan），高客网（Gawker），2016 年 3 月 31 日；

《普华永道公司（PWC）发布在线市场，轻叩零工经济之门》（PWC Launches an Online Marketplace to Tap the Gig Economy），《金融时报》（*Financial Times*），2016年3月6日。

或许只是我这么认为，但我们确实很难通过同一个月里的这些新闻总结出一个共同的主题。一方面，技术专业人士或许构成了零工经济的主要组成部分；但另一方面，这些人也许全部都只是优步司机。任何好处都可能是虚幻的，然而很显然，普华永道这家规模巨大、广受尊敬的专业服务公司却不这么认为——它不仅向数字化人才市场投入了资本，而且也投入了自己的品牌。尽管如此，即便像普华永道这样的先驱公司已经进入了该市场，零工经济的未来依然有些可怕。相互抵触的意见层出不穷。到底什么才是真相呢？

奥斯卡·王尔德（Oscar Wilde）说："真相很少是纯粹的，也绝不简单。"而现在的情况就是这样。这其中的部分问题是语言上的，不仅"零工经济"是个仁者见仁、智者见智的概念，"零工"这个词本身也是如此。因此，假如没有统一的解释，人们就不会从同一个起点去认识它，最后只能是一片混乱。此外还有一些相关的问题存在，例如，所有的技术平台都在寻求自己的一席之地，大多数参与者并没有从中获益或得到社会保障，另外还有由这项运动的社会影响导致的情感问题等。从整体上看，这个话题似乎难以应对。然而它并非如此，让我们从头细说，达成共识。

第一章	到底什么是零工经济

零工经济的定义

且让我们从头开始，针对零工经济是什么又不是什么形成统一的认识。在“双轮马车”、“鱼钩”和“军事上的记过处分”之后，Dictionary. com 网站对“零工”（gig）一词的第四种释义如下：

- 一个单独的职业受雇期通常持续期较短，比如爵士乐手和摇滚乐手的雇佣期；
- 任何工作，尤其是持续时间较短或不确定的工作。[1]

随着爵士乐在美国的日益盛行，上述第一条参考依据在 20 世纪 20 年代得到了广泛的使用。无论是持续一晚还是一个月，乐手们都用“gig”来定义这种支持乐队生存的工作。同样一些在晚间从事第二职业的乐手们也会将他们的工作称为“兼职演出”（side gig）。

“gig”的其他用法开始出现，尤其是在经济大萧条时期，公司开始雇用按日计酬的临时工。美国国家就业法律项目（National Employment Law Project）副主任丽贝卡·史密斯（Rebecca Smith）指出，当前，诸如优步和快速配送公司（Instacart）等大型零工经济公司，都表示自己是线上运营，因此有别于传统的雇主。“但实际上，”她表示，“它们的运作方式就好比农场劳动力承包商、服装批发商和以前的临时劳动力市场。”[2] 同样地，世界经济论坛报告（World Economic Forum Report）指出：“尽管连接人们工作的数字形式是全新的，但临时工作或自我雇用的行为却不是什么新鲜事。”[3]

既然我们已经谈到这里，那么就让我们说说“job”（职业）吧

在讨论“gig”这个词的起源时，我们也不要忘记，我们现在对“job”一词的理解实际上是来自经济大萧条之后的一个比较新的概念。此外，如果你查找字典，会发现“job”有很多释义。《牛津英语词典》对它的第一条释义是“人们日常工作或职业中的‘一项工作’”。接下来还有其他几种解释，其中包括我个人最喜欢的一条——“一个犯罪计划”，例如，“他们打劫了银行”。此外，整容手术中也有“动鼻子”（nose job）一说。而我们今天大多数人所理解的职业，即定期提供报酬的雇佣形式，则位于释义列表的末端。最后还有一条趣闻：“job”一词的中世纪起源被认为是来自一个含义为“一块粪便”的词。这很讽刺，不是吗？

从20世纪80年代起，“gig”这一概念开始拓展至包括高级技术工作在内的任何职业。20世纪80年代的企业兼并重新定义了就业格局。在这之后10年的后半部分，从世界500强榜单跌落的公司数量

达到了新的高度，这是因为前 10 年的并购活动让那些遭遇了通货膨胀和国际竞争的臃肿组织实现了大规模重组。裁员起初被称作“规模缩减”，后来则被更委婉的“规模调整”所取代。这些裁员措施结合了一种全新的名为“准时制”（just in time）* 的管理哲学，最终导致许多管理岗位被削减。这种现象带来了第一波现代自由职业者。

自由职业者早已在创意产业中遍地开花。广告创意总监的声誉建立在他们所管理的自由职业者群体之上，这些人可能是文案、插画师或摄影师。

电影业也是如此，自 20 世纪 40 年代以来，这里也已经成为自由职业者的市场。在 20 世纪 20 年代，最初的电影业就是一个垂直整合的体系：演员、导演、编剧和技术人员服务于制片厂，而制片厂则拥有电影所有权。这个被称为“制片厂制度时代”或“好莱坞黄金时代”的时期最为人所知的就是公式化电影，这种业务模式旨在最大化地利用制片厂的在职人员，演员们在类似的剧情里扮演着非常相似的角色。［想想所有那些由弗雷德·阿斯泰尔（Fred Astaire）和金杰·罗杰斯（Ginger Rogers）出演的老电影吧！］直到 1948 年，美国最高法院发布决议，要求制片厂将影片发行从原有的业务中剥离出来，这种情形才有了改观。与此同时，来自另一领域的新威胁也出现了，这就是由科技进步所带来的全新媒体形式：电视。

---

* “准时制”是指在精确测定各环节作业效率的前提下，按订单准确地计划，以消除一切无效作业与浪费为目标的一种管理模式。——译者注

制片厂系统瓦解后，演员们开始掌握自己的职业生涯。经纪公司作为演员的市场开拓者应运而生。为了保护各种专业人士的权益，工会也由此诞生。事实上，很多人指出，上述原因同样可以被视作零工经济工作者需要联合起来的理由。在今天的电影业中，来自各个专业的人士（编剧、演员、布景设计师、助理导演、关键场务人员，等等）聚到一起，共同创作电影。一旦拍摄完毕，各色人等相继解散，奔赴下一场工作。

主流商业世界里的零工工作演变得则更慢一些。直到 20 世纪 80 年代，金融、市场和人力资源等核心业务功能领域内的独立咨询师才开始开展自己的业务，或是大批量地从商。在接下来的 10 年里，由于技术改变了商业沟通的方式，提高了业务的流动性，这种趋势才得以加速发展。

其他因素同样也促进了这类创业的发展。1989 年，来自催化剂（Catalyst，一家致力于帮助妇女选择和经营自己职业生涯的全国性组织）的费利丝·施瓦茨（Felice Schwartz）发表了一篇在今天非常著名的文章——《妈妈的足迹》（*Mommy Track*）。她在文中颠覆了企业里有关女性地位的玻璃天花板的概念。她指出，产假和家庭责任损害了美国职业女性的上进心。尽管如此，也有很多女性选择了另一种未来，一种可以将她们的专业技能和她们对个人生活灵活性的需求相结合的选择。拥有高学历和丰富业务经验的专业女性选择成为咨询师，从而掌控自己的生活。

同样，另一些人为了写一部伟大的美国小说、制造家具或是作曲而选择成为咨询师。咨询工作使得他们有了资金，可以实现自己的一些赚得较少但更有意义的追求。例如，M Squared 的顶尖咨询师之一曾经是全球最大的一家银行的国际人力资源主管，但他的热情却在雕塑艺术上。雕塑家的工作经常是脏兮兮的，所以他想要一种更加灵活的职业生活方式，这样他就可以一整天都不在办公室里。在那些日子里，他可以追求自己热爱的艺术，同时也不必为身上的大理石粉末而烦恼。

有一些这样的公司出现了，它们打造了一个匹配买家（公司）和卖家（咨询师）的市场。我的公司 M Squared 就是早期先驱之一。坦白地说，当时的市场并不了解我们是怎么一回事。我们拥有一个可以用来和项目进行匹配的独立咨询师网络，以此帮助客户实现他们的业务需求。（早在互联网出现之前，我们就已经有了这个网络——我或许可以补充这一点，但这样就暴露我的年龄了。）一方面，我们就像是劳务派遣公司，但是我们的员工收费标准更高；另一方面，我们的服务类似于猎头公司，因为我们会派出非常符合特定需求的专家，但我们的咨询师所扮演的角色却是临时性的。此外，我们也像是咨询公司，因为我们与麦肯锡、埃森哲等知名咨询公司一样，处理着同样类型的高层次问题，为相同的项目而竞标报价。我们是一个即将腾飞的新兴市场里的综合服务供应商。由于这是一种高价值服务，促进这一过程的中介服务为所有参与者都带来了经济上的意义。这是因为，为找到一名合适的专业人士完成一项引人注目且重要的临时性任务而付费是值得的。

在过去 10 年间，由于新技术使得大型市场通过相对低廉的服务实现了发展，整个市场都发生了戏剧性的变化。现在，随着移动通信的普及、应用程序的激增，在美国大多数都市中心那种全天候急不可耐的生活方式下，为了找到某个可以让你的生活变得更加便利的人而付费是值得的。例如，通过快速配送公司找人给你送日用品，或是通过优步到达你想要去的地方。这一便利性维度上的经济类型便是大多数人所说的“按需经济”（on-demand economy）。投资人认为在这种便利性因素上有充足的业务量，因此，即便这些新兴公司只提供了价值相对较低的服务，他们依然能够赚到钱。

在第二章中，我们将就“零工工作者是谁”进行更多的探索，不过现在，让我们先达成一个共识，那就是：**不论这份工作的工作者是司机、自由艺术家，还是临时首席执行官，零工是任何领域内的一种持续时间不确定的工作。**不论这份工作是由劳动者自己获得，还是通过劳务派遣公司、猎头公司或者数字人才平台部署下去的，“零工”就是以往那些被称为临时性工作（contingent work）的部分。在这个前提下，**零工经济**就是指那些已经演进到能够支持这种独立工作形式的公司和商业体系。

按需经济

按需经济是宏观意义上零工经济的一个子集，它是指产生于数字市场的一种能够满足客户“即时”获得商品或服务需求的经济活动。在这里，作为一个相对的概念，即时性是非常值得重视的。我的交通需求意味着我希望优步司机越快到达越好。事实上，对于这种等待而言，半个小时已经很长了。但如果我有的是一个临时首席财务官的即时需求，那么我并不会期望这个人立刻出现在我的家门口（说实话，那样还会有点儿令人不安），能在一两天的时间内找到这样一个人就已经很好了。即时性是以我所寻求的技能组合为前提条件的。

这种技能组合同时也提供了其他决策因素。我并不在乎谁在任务兔子（TaskRabbit，一家以任务发布和认领为主要功能的网站）上认领了帮我收取干洗衣物的任务，但我很关心谁会在我的经理休产假时来运营我们的市场部门。因此，另外一个考量因素就是需求的持续时间。同样地，为了一次短途旅行，任何人都可以忍受啰唆的来福车（一款手机叫车应用）司机。但是，如果我需要一名可以工作六个月的项目经理，那么我会希望有一个更好的人选去填补这个角色。这个人和我们的共鸣以及胜任程度成为更重要的考量因素。

有人或许会说，在即时性上的区别就是客户是企业还是个人的问题。即时性在 B2C（商家对个人）市场的留存时间要比在 B2B（商家对商家）市场短得多。也就是说，会有人从垂直工作手台（Upwork，一个汇聚了程序员和自由创意职业者的电子市场平台）上购买服务，否则他们就要转向格理集团（Gerson Lehrman Group）这样的专家平台。例如，作者本人与自己在 Zintro 平台（一个以专家为主的项目和工作平台）上找到的一位专家签订了某一行业的研究合同。实际上，在 2015 年，有 26% 的零工经济从业者花费了 1 010 亿美元雇用其他独立工作者。[4]图 1 – 1 给出了不同业务模型在即时性框架中的位置。

全新的按需经济世界的一个重要形态就是它的基础技术平台，

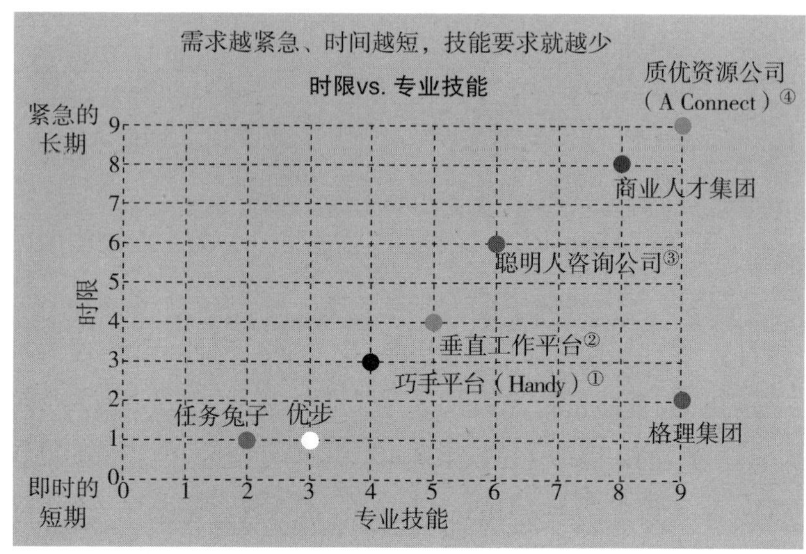

①一款提供家庭保洁和保姆服务的在线应用。——译者注
②全球最大的自由职业平台之一。——译者注
③一家影响力营销平台。——译者注
④一家提供管理咨询服务和解决方案的机构。——译者注

图1－1　即时性图谱

这个平台主要负责处理财务交易结算任务。在更高的技术领域中，这些平台可以设置专门的算法，通过平台上个人必备的经验精确匹配客户的专业需求。算法会随着成功匹配的增加而不断提升，这里体现出了先动优势的价值。在初期能够获得大量项目的公司将进一步优化自己的算法。（我们将在第六章详细讨论人才平台的世界。）

按需世界的经济模式决定了这样的情形：时间越短，费用越低；同样地，专业技能商品化程度越高，费用也就越低。据此而言，位于图1－1左下角的平台是以高效运营和大容量业务为依据的。它们同样得益于网络效应：网络中的用户和零工工作者越多，所产生的工作量就越多，那么该网络的价值就会越高。

从就业法规的角度来看，左下角的公司面对的挑战也是最大的。这些平台上的任务的技术含量较低。而大多数竞争者都是从成本最低的业务模式开始的，他们把自己的零工工作者称为“独立承包人”（independent contractors，简称 ICs）而非“雇员”。从法律上说，独立承包人并不是雇员，因此，他们无法获得通常给予雇员的福利，如法定工资税缴纳、带薪假期、医疗保健服务和退休计划等。雇主在这方面的付出占到了工资成本的 32% ~37% 。因此，许多按需服务公司一开始都将工作人员视为独立承包人。

此外，企业必须按照严格的薪资和工时规定对雇员进行管理，因此，雇员这个角色的灵活性是比较低的。而按需服务的一个特点就是，工作人员可以自行安排日程。据此可以进一步说明，按需服务的工作人员还是不应被视为雇员。

遗憾的是，这一领域的法律是模棱两可的，因为“独立承包人”还是一个法律中尚无明确定义的术语。（关于这一主题请参考第七章。）由于独立承包人没有法律上的界定，一些参考了代理法和其他因素的准则被制定出来。美国国税局（Internal Revenue Service，简称 IRS）将广泛采用的判断框架组合在一起，形成了“20 点清单”（20 Points），来定义独立承包人。这其中包括诸如拥有自己的工具、能够承受财务损失、没有接受任何培训等条件。不过，并非所有的条件都要满足，而且其中有些条件要比其他条件重要得多。这使得相对于雇员的独立承包人的构成要素变得非常模糊。在过去 20 年里，我们从“20 点清单”中提炼出了两个关键内容，即企业对个人的指导和管控这两个重要因素。如果你正在指导或管控一些人的工作，那么他们很可能就是你的雇员。

不少按需服务公司都在改变它们对待零工工作者的方式。杂货店配送服务提供商伊甸园公司（Eden）认为自己只有加强对员工的管控才能提升客户满意度；而预制食品配送服务提供商大快朵颐公司（Munchery）则认为需要对日程安排加强管理，才能保证员工按时送达；同样，代客泊车服务提供商奢美公司（Luxe）认为需要更多的权利才能将它的服务生部署到某一地点，实现更广泛的覆盖。这些业务模式的改变可能会因各种原因而发生，很难想象规避政府就业诉讼不是原因之一。我们观察了一家从未改变自己模式的公司——家政清洁服务公司庭乐（Homejoy）。在4 000万美元风险投资的支持下，它无法做出足够快的决定，最终在2015年关门大吉，而其失败的原因很大程度上来自人员分类的失误。

美国劳工部（Department of Labor，简称DOL）注意到所有这些业务活动，并于2005年终止了对临时经济（contingent economy）的定期报告，事后看来这一行动是莽撞的。2016年1月，有消息称，美国劳工部将于2017年5月恢复这项研究。不同的政治家们纷纷呼吁加强对按需经济雇佣行为的审查和潜在的监管。近期，伊丽莎白·沃伦（Elizabeth Warren）在谈论这种雇佣问题时指出：

> “零工经济没有发明出任何这些问题。实际上，零工经济已经成为疲软劳动力市场上一些无法量入为出的劳动者的权宜之计。而那些被大肆宣扬、由零工工作带来的灵活性、独立性和

创造性在某些条件下对某些劳动者而言可能真的存在，但对大多数人来说，零工经济只是在这个所有利益都流向前10%的顶层人群的世界里，为构建经济保障所做的失败努力的下一步。”[5]

（我们将在第十章深入讨论这段话对你以及你的企业的意义。）

档案：CLEVER

在进入新型口碑营销市场，开始与有影响力的人一起工作之前，卡特·林肯已经从事了20年市场营销工作。这种被称为影响力营销的全新方式，是品牌营销或公关活动的自然延伸。它借助博客博主、移动图片社交应用照片墙（Instagram）博主、视频网站优兔（YouTube）博主以及其他有影响力的个体来讲述真实的品牌故事。卡特的业务模式是打造一个收费的专业社交媒体影响力的网络平台。这些有影响力的人各不相同且高度独立，但他们越来越被自己所在的群体所信任。

CLEVER的网络拥有包括宠物和专业运动员在内的数千名有影响力的个体，该公司还为世界500强企业打造定制化的项目。影响力营销最初是由“妈妈博主”们推动的，现在已经成长为食品、时尚、美妆、体育、科技和自制手工（DIY）市场的重要营销方式。CLEVER是这一行业的领导者。

有影响力的人通常都是按项目收费的，每分享一个内容能赚取 50 ~ 100 美元不等的收入。而对于更加复杂的“请求”，比如制作一个原创产品视频，收费则可能高达数万美元。对于有着强大粉丝基础的专业社交媒体影响力人物来说，CLEVER 提供了另一种零工收入的来源。

共享经济

另一个可以帮助我们理解本书的重要概念是共享经济（sharing economy）。尽管它和零工经济经常被混用，但它们并不是同义词。共享经济是指在点对点层面上共享实物资产而引发的经济活动。共享经济的模范代表是爱彼迎（AirBnB），这是一种房屋共享服务，个人可以出租自己的房产或部分房屋给有度假租房需求的个人。尽管房东可能需要为客人准备房间，但被购买的并非这种服务；度假者购买的是可以过夜的房间，而非由房东来收拾房间的服务。因此，在这里临时房屋才是产品。

其他的资产同样也可以参与到共享经济中来。点对点的租借平台也层出不穷，如租借俱乐部（Lending Club），个人可以在这个平台上集资，并且贷款给有资金需求的个人或企业。贷款共享（Share a Mortgage）是一家伦敦的初创企业，它允许个人集资购买房地产。易贝（eBay）同样也是一个共享平台，在这里个人可以售卖手工艺品或自己祖母的古董餐具组合。

值得注意的是，如果所共享的资产有一部分是无形的，那么这就和零工经济产生了交集。例如，德国汉堡的沙发音乐会（SofaConcerts）允许人们在自己家中招待音乐家，并且向听众收费。主人的房间被共享了，同时被共享的还有体验——音乐家的表演。类似地，旧金山的共餐（EatWith）让主人打开家门，为有趣的陌生人举办宴会。这时被分享的是房子和餐点，主人也完成了准备餐点的工作。宴会的主人或许是专业大厨，那么在这种情况下，被购买的还有主人的专业技能。

这就是说，共享经济和零工经济的主要区别在于，前者包括了涉及实体资产的服务或体验购买，而后者则是有时限的、由个人交付的服务。在高价值零工经济服务中，交易的内容可能会包括无形资产，比如在零工工作中开发的知识产权，但并不涉及实体资产。同样地，如果服务的价值定位和紧急性相关，那么共享经济也会和按需经济产生交集。假如明天我要寄养爱犬，那么我可以在宠物假期（DogVacay，一家提供零散时间宠物托养服务的机构）上购买我所需要的服务。

说句题外话，共享经济的一个重要方面在于，包括从企业家到政策制定者在内的很多人都期待这种经济结构能够通过提高资产利用率来减少浪费。既然有那么多的汽车都闲置在停车场里，为什么还要制造更多的汽车呢？喳喳车（BlaBla Car）是一家出租长途旅行中汽车空余座位的法国企业，它的创始人曾说："最初的动机是针对浪费，那种由着空车在道路上行驶所带来的令人无法容忍的浪费。"[6]寄售平台一线牵（ThreadUp）则宣称："通过这个平台回收服装或损耗微小的物品，你就是在减少碳排放，同时减少浪费。”

共享经济、按需经济以及数字人才市场都以技术平台为基础，它们的共同特点在于，所有的财务交易结算工作都是在网上完成的。最早进行这项研究的专家之一是人力资源行业分析公司，该公司曾经对这种人才平台的设置下过定义，在这个平台中，从寻找工作到为此付费的整个交易周期全部都是在网上实现的，比如人力云（Human Cloud）。[7]

这种共有的金融特征曾是2015年摩根大通研究所（JP Morgan Chase Institute）有关收入波动的一项研究的核心。这项研究首次利用大数据去认识新技术平台的影响力。大通研究团队查看了26万名客户的账户存款情况，区分了主要就业收入和来自数字化平台的补充收入。他们将诸如优步和任务兔子的劳务平台定义为按需零工公司，而eBay和AirBnB等则被定义为资产平台。这项研究发现，不同平台的使用者、使用频率和收益占比各不相同。[8]（我们将在下一章详细讨论这些差异。）

优步和来福车这种出行共享服务可以算是获得了三连胜，因为它们满足了上述每一种经济模式的特征。司机拥有参与交易的资产（即汽车），因此这是共享经济服务；而司机也利用他们经执照认证的驾驶技能完成了运输功能，这种服务是临时的，持续时间也不确定，因此这也可以被视为零工经济服务；此外，这项服务也分外紧急，因此它也是按需经济的一部分。同样，应用程序处理了交易中的金融要素。

总而言之，这些被广泛地交叉使用的经济模式（如图1-2

所示）相互关联但略有不同。它们中的大多数公司及其功能都有共同点。它们有同样的操作步骤，但它们在有形或无形资产、专业程度、紧急性方面的差异则是值得重点思考的。

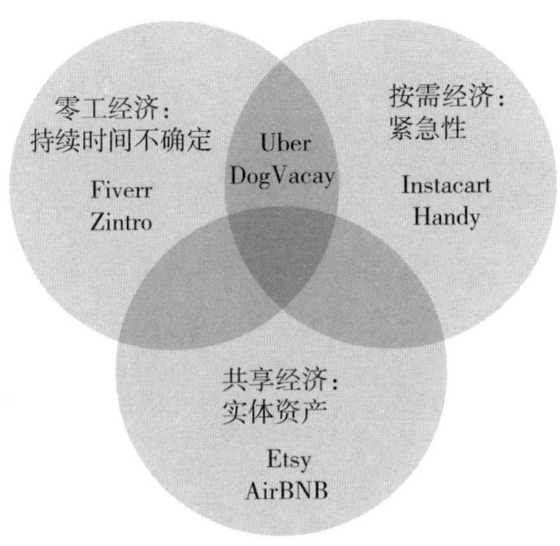

图 1－2 新经济模式

最后要说的是，尽管零工经济频频出现在新闻里，对许多美国人来说它依然是一个新兴现象。皮尤研究（Pew Research）的一项最新研究表明，89% 的美国人都不曾注意到零工经济。皮尤研究指出："对这些共享的、协作的和按需的服务的广泛接触主要集中在特定人群之上。"[9] 我对这种结论的解释是：零工经济曾经是被局限在数字平台世界里的。其他研究也显示了一致的结论，尽管采用零工经济方式的人群正在不断增长，但和整个劳动力市场相比，零工经济的参与者规模还是非常小的。

然而，其他统计表明，零工经济的影响或许更为深远。最近的一些研究（在第二章我们会对此做更多的讨论）估测，整个零工经济中有 4 400 万独立工作者。[10] 另有 2 900 万人考虑在近期成为独立工作者。[11] 让皮尤的研究人员有些好奇的是，这一超过 7 000 万人的群体代表的是 21% 的美国经济。

这些工作者中有一定比例的人极有可能没有将自己视为零工经济的一部分。如我之前所言，这可能是因为这项研究仅仅关注了共享经济和按需经济。因此，其他没有使用这些平台的独立工作者并没有被考虑在内。或许，这项研究的作者并不了解这些经济模式之间的微妙差异。这是因为他们还没有读到这本书。

本章要点

- 零工经济是指一种经济价值，它来源于一种不断增长的趋势，即人们开始从事工作时间不定的工作，而这有别于以工作时间固定不变为特征的传统工作。
- 按需经济是零工经济的一个子集，它是指在需求触发下提供产品或服务的数字市场的经济活动。
- 按需经济和零工经济的关键区别在于需求的即时性，而即时性取决于零工所需的技能水平和持续时间。
- 共享经济是指来自点对点交易的经济活动，它所提供的产品或服务都与实物资产有关。
- 共享经济和按需经济的实现都需要技术平台的支持，同时技术平台也能够处理金融结算的交易。

注释

1. Dictionary. com, *www. dictionary. com/browse/gig? s = t.*

2. Steven Gill, "Good Riddance Gig Economy: Uber Ayn Rand and the Awesome Collapse of Silicon Valley's Dream of Destroying Your Job," *Salon*, March 27, 2016.

3. "The Global Economy Is Failing 35% of the World's Talent," *Exchange Magazine*, June 29, 2016.

4. MBO Partners, "State of Independence in America 2015," p. 14, *www. mbopartners. com/state-of-independence/mbo-partners-state-of-independence-in-america-2015.*

5. Devin Coldewey, "Elizabeth Warren Takes on the So Called Gig Economy in a Speech," *Tech Crunch*, May 20, 2016.

6. Arun Sundarajan, *The Sharing Economy: The End of Employment and the Rise of Crowd Based Capitalism* (Cambridge, Mass.: The MIT Press, 2016), location 371 of 5185.

7. "Measuring the Gig Economy—Inside the New Paradigm of Contingent Work," Staffing Industry Analysts, Crain Communications, 2016.

8. Dianna Farrell and Fiona Greig, "Paychecks, Paydays and the Online Economy—Big Data on Income Volatility," JP Morgan Chase Institute, February 2016, *www. jpmorganchase. com/corporate/institu-*

te/document/jpmc-institute-volatility-2-report. pdf.

9. Josh Zumbrun, "Most Americans Don't Know About Ride Sharing and the Gig Economy," *Wall Street Journal*, May 19, 2016.

10. "Measuring the Gig Economy," Staffing Industry Analysts, p. 2.

11. MBO Partners State of Independence in America 2015, p. 2.

第二章

零工经济的规模：了解整体情况

THRIVING IN THE GIG ECONOMY

“奇怪的事情是，如果今天你有一份所谓的合适的全职工作，那么你就是少数派了。世界已经改变，但几乎没人注意到这一点。”

——查尔斯·汉迪（Charles Handy）

《第二曲线》（*The Second Curve*）作者

第二章 零工经济的规模：了解整体情况

流行文化是一个很好的镜头，我们常常可以通过它来洞察社会变迁。在我成长的 20 世纪 60 年代，电视剧《留给比弗》（*Leave it to Beaver*）中的克里弗一家（The Cleavers）是电视上的家庭典型。沃德（Ward），一位忙碌的主管（但我们从来都不知道他在忙些什么），是“公司人”的典型缩影；戴着珍珠、穿着围裙的家庭主妇琼（June）则照看着沃利（Wally）和“比弗”（Beaver）。沃德工作稳定，你知道他终有一天会拿着自己多年以来出色工作的回报——养老金和金表而退休。相比之下，今天评分最高的一部电视剧是《摩登家庭》（*Modern Family*）。杰伊·普里切特（Jay Pritchett）是一名小企业主，菲尔·邓菲（Phil Dunphy）是一名房地产经纪人（即独立承包人），卡梅伦·塔克（Cameron Tucker）是一个做着兼职鼓手的全职爸爸。他们中没人有拿着金表退休的可能……

这种眼看着公司人形象完全淡出视野的情形是非常有趣的。20 年前，初入职场的新人希望拥有一份长期稳定的工作。而现在，出生于 20 世纪 80 年代到 2000 年的千禧一代的共识则是：第一份工作的持续时间应该是一年到 18 个月。以前许多人想攀爬的晋升阶梯现在对于一些人来说还是阶梯，但对更多的人而言，那最多只是一只搁脚凳。

公司搁脚凳的暗示

有很多理由可以解释我们在工作中看到的不断增长的流动性。20 世纪 80 年代和 90 年代出现的企业裁员以及经济大混乱加速侵蚀了公司人神话之下的社会契约。2001 年，安然公司（Enron）的高调破产除了让大量员工的养老金一夜蒸发以外，更强化了我们对“企业雇主从来都不是那么可靠”的看法。长期保障已经成为过去式了。因为这种保障仅仅是职业忠诚的关键要素，而忠诚是会消退的。

这种模式还在继续。最近的一项研究调查了自由工作者的态度。调查表明，年龄在 37～51 岁的 X 一代是 2008—2010 年经济衰退中首当其冲的群体，他们失去了 870 万个就业岗位。他们中的大多数人成为自由工作者。就业平台 MBO Partners 关于自由工作者的年度研究显示，这个年龄段的自由工作者中有 47% 的人感到他们的前雇主并没有认识到他们的价值，而这也是推动他们决定成为自由工作者的一个重要因素。[1]

因此，许多失去专业工作的商业人士不再选择攀爬企业的晋升阶梯，他们试图重新夺回对生活的控制权，开启了独立咨询工作。这样一来，损失一位客户并不会导致你损失所有的收入。同样地，你的未来职位和收入潜力并不依赖于远在几英里（1 英里≈1.61 千米）之外的公司总部里某个人的决策。独立性有其自身的风险，但它同样也有自己的好处，比如保障。对一些人而言，这是反直觉的，但是对于大多数自由工作者来说，这样做的主要动因在于，他们可以完全掌控自己的命运。

科技在独立咨询业爆炸式的增长中也起到了一定的作用。过去，当你受雇于某一雇主时，你先要花上几个月的时间了解内部系统、高度定制化的项目，以及与之相伴的推动业务发展的步骤。理解“我们这里做事的方式”曾是非常重要的。因此，这些正式或非正式系统知识的发展成了让雇员像资产一样在机构内部横向移动的最有价值的技能组合，这样的机构需要熟练的员工精通它们那一套隐秘的步骤和系统。

但是，在最近的10年，越来越多的企业将运营工作转移到了云上，并且借助通用平台实现办公体系的标准化，比如利用谷歌电子邮件（Gmail）作为电子邮件通信系统，或者使用赛富时（Salesforce）进行联系人管理。它们或许还有其他一些复杂的、定制化的专用系统，但是“我们这里做事的方式”已经不再是一个谜了。新雇员在加入时可能已经对赛富时有所了解，对这个平台的了解会让雇主对他们更加感兴趣，同时也能让他们更加灵活地发展。因此，他们现在有更多的上升阶梯可以选择，比如雇员上升渠道、咨询师上升渠道或自由职业者上升渠道。

相似地，诸如Upwork和技术宅小时工公司（Hourly Nerd）[最近更名为人才目录（Catalant）]等人才匹配平台的出现也加速了这种自由工作的趋势。行为经济学家理查德·塞勒（Richard Thaler）在他的《助推》（*Nudge*）一书中指出，当选项看起来简单时，人们更容易做出选择。如果你在 30 年前决定开创独立咨询师事业，你不仅要对自己的专业知识非常自信，同时还要具备推销自己的能力。现在，借助层出不穷的数字匹配网站，决策变得越发简单。除了最专业的部分之外，在这些网站上进行申请也十分简单，通常只需要一份领英*个人档案就可以了。这种简易性促使不少工作者开始考虑自由工作的机会，加速了供求平衡上供给方的增长。

《平价医疗法案》（Affordable Care Act，简称 ACA）是另一个助推人们进入自由工作者生涯的因素。当我在 2001 年写作第一本书的时候，由于在享受医疗保险上受到种种限制，一些人被迫放弃了自由职业生涯而重返职场。商业人才集团的首席执行官乔迪·米勒将《平价医疗法案》视为自由工作者大潮持续发展的重要驱动力。（我们将在第十章讨论《平价医疗法案》给市场带来的潜在变化。）

申请奇遇记

作为本书项目的一部分，我申请了许多数字匹配平台，以便更好地认识它们的流程和人员，而不仅仅是看看它们的网页设计和界面。2016 年春，我申请了 Hourly Nerd，现在这个平台叫作 Catalant，它面向著名的商学院

* 职业社交平台。——译者注

招募工商管理硕士（MBA）咨询师。该平台通过咨询师的电子邮件地址核实他们的身份，所以要求申请者使用所在商学院分配的电子邮箱注册。尽管我的母校——加州大学伯克利分校（UC Berkeley）的哈斯商学院（Haas School）名列精英名校榜单，但我却无法注册，因为我早在电子邮件发明之前就从该校毕业了。我联系了该网站，解释了我在商学院的时候电子邮件还没被发明出来的事实。我知道他们不想歧视工商管理老硕士，而我也想知道我还可以用什么其他的方式来申请。第二天我的申请被接受了，同时我还收到了一封电子邮件，邮件上说："尽管我们要求咨询师用他们学校的专用邮箱进行注册，但为了方便您注册，我们放弃了这一要求。"我的结论是，这个管理团队里没有人超过40岁，而且几乎没有年长的咨询师注册过这个平台，否则他们是会预见到我的问题的。有趣的是，当我的女儿在11月申请时，商学院的电子邮箱已经不再是必要条件了。

此外，数字人才平台帮助人们消除了调用专业自由职业者的障碍，那就是信任。阿鲁·萨丹拉彻（Arun Sundararajan）在他的新书《分享经济的爆发：全球分享经济泰斗揭示分享经济将从哪些方面重构我们的社会》（*The Sharing Economy: The End of Employment and the Rise of Crowd Based Capitalism*）中指出了采用新平台技术的数字信用的重要性。[2]从我们在 eBay 或猫途鹰（TripAdvisor）等已经生存了很长时间的平台的使用经验来看，我们已经学会以其他顾客在网上分享的相关反馈为依据来信任那些我们并不认识的个人或企业。这与你在每次出行时给优步司机打分一样，在专业服务领域，客户被要求为他们从某个平台参与者那里获得的服务打分。的确，对大多数用户来说，这种评价体系成了供应商和/或产品的过滤器；他们将自己惠顾的亚马逊（Amazon）店铺限制在那些评价最高的卖家中。通过信任度的提升，评价体系将能够提高需求方的接纳程度。对我来说，即便没有见过这位咨询师，我也认为雇用她是安全无虞的，因为她曾经出色地为别人完成了工作。

因此，这种晋升阶梯变得更短了，然而阶梯还有很多很多。需要明确的是，个人以雇员身份为公司提供服务的传统工作形式依然是最普遍的模式，而且也不可能很快就消失。即便如此，另类工作方式同时为参与者们提供了其他方面的优势，比如对工作的控制，工作的灵活性、多样性等，它在世界范围内也得到了越来越多的应用。实际上，2016 年麦肯锡全球研究所的一项研究发现，美国和欧洲有近 870 万人更乐意追求自由的生活方式。[3]

有关自由工作者数据的补充说明

在这里，我需要解释一下和自由劳动力相关的数据问题。美国政府在 2005 年停止了对临时劳动力的调查，因此，这里不再有官方统计数据可用。曾有一些用1099表格（美国自雇雇员报税表格）数据和/或自主创业数据估算自由工作者数量的尝试，但是这两种方式都是有问题的。以1099表格数据为例，这些数据可能会包括红利收入以及非W2工作*相关的收入。从业界人士到智库的私人资源也在研究这一领域，他们在估测自由职业经济的规模和大小时得出了非常不同的结论。实际上，麦肯锡全球研究所的报告列出了包括其研究在内的五种不同研究结果，这些研究估测了自由职业劳动力占美国工作人口的百分比。估测结果跨度很大：最小16%，最大27%。[4]这里并没有包括人力资源行业分析公司的报告，其报告认为自由工作者占美国工作人口的29%，这足以进一步提高估测的跨度。

简单地说，已公布的有关零工经济的不同数据非常多，由于这些结果背后所采用的方法和假设各不相同，我们无法判断哪个数据更加准确和中肯。因此，在提供数据时，我将继续引用我自己的数据来源，但同时我也承认，还有许多研究以不太一样的方式考察了这种劳动力资源。

自由工作者的定义

临时工作者被美国劳工统计局（Bureau of Labor Statistics）定义为"没有明示或默示的长期雇佣合同的个人。"[5]有趣的是，"长

* 指雇佣关系下的工作。——译者注

期”并没有被具体定义，但是就经验来说，这指的是多于一年的时间。也就是说，一些长期合同或咨询关系的延续时间可以超过一年。作为研究的一部分，我对独立咨询师做了一些调查，并且询问他们是否认为自己属于零工经济的一分子。一名受访者表示，他并不这么觉得，因为他的合同期恰恰超过了一年。我不敢苟同，顺便向他指出，作为一名自由工作者，即便他偶尔得到了一份长期零工工作，他依然是零工经济的一分子。

（说句题外话，自 2016 年 11 月以来，我开始了“零工经济中的咨询服务”调研项目。受访者来自多个渠道，其中有 M Squared 邀请的网络成员，收到了调查链接的领英咨询小组的成员，或许还有我个人博客的访问者。受访者都是匿名的，因此我无法给出这些评论的具体来源。全部受访者为 97 名。）

这些自由工作者通过多种渠道（如图 2 – 1 所示）获得工作。人力资源行业分析公司最近的一篇报告通过以下方式定义了这些渠道。[6]

- 独立承包人为公司提供服务。这些个人是典型的自雇人员，他们涵盖的职位种类广泛，且其中不少都是高级工种。（咨询/独立承包人）
- 某一合同或某一咨询公司的雇员，为公司提供以项目为基础的服务。这些个人在工作说明书（Statement of Work，简称 SOW）的基础上进行操作。尽管他们是咨询公司的员工，但他们是直接为某一客户工作的。（我们将在第五章就工作说明书进行详细讨论。）（以工作说明书为基础的合同关系）

- 临时人力服务的雇员。这些个人承担从文职人员到专业管理人员的多种角色。(猎头)
- 通过数字人才平台获得工作的工作者。这些平台包括类似优步或 Upwork 在内的人才平台，但并不包括以产品为基础的平台，如易集（Etsy）或 AirBnB。(人力云)
- 直接受雇于某一客户的临时工作者，包括诸如受命于学区的按需代课老师或季节性零售员等角色。（直接受雇的临时性雇佣）

图 2－1　自由劳动的渠道

资料来源：人力资源行业分析公司。

这里需要注意的一点是，在“咨询”这个类别里，项目可以来自个人的自我营销手段，或是中介机构，如商业人才集团。我将两种不同的中介机构（专业咨询公司和数字平台）进行了区分，因为它们的商业模式在根本上是不同的。

专业咨询公司和数字市场

和我的老公司 M Squared 一样，许多专业咨询公司通过代理独立顾问而有所成就。它们可能是高度自动化的，并且或许有复杂的基础技术平台，但是，它们的匹配过程通常都会涉及一定程度的人类智慧。在更精细的层面上，它们可能会负责工作产品，并且在工作进展过程中雇用咨询师。它们也是工作说明书雇佣模式的主要参与者，它们推动自己的自由工作者群体参与以工作说明书为基础的咨询服务。最重要的是，这些公司认为自己是咨询或人力资源公司，而非科技公司。它们的品牌承诺是提供解决方案。此外，其品牌和信誉对旗下的咨询师群体来说也非常关键。在我的咨询调查中，47%的受访者将公司的信誉列为加盟理由之一。这很好理解，如果 M Squared 在科技领域的信誉非常好，而你又服务于科技公司，那么你就会希望成为 M Squared 咨询师群体的一员。克里斯·尼尔曾经是一名咨询师，现在是 M Squared 监督解决方案交付的负责人，他说：“重要的不是马匹，而是骑师。”[7]

与之相对的是，Upwork 或五美元（Fiverr）等人才匹配公司则将自己定义为科技公司。实际上，Fiverr 的首席执行官迈卡·考夫曼（Micha Kaufman）在播客“未来工作”（Future of Work）中表示：Fiverr 实际上是一家科技公司，它模仿亚马逊的模式，让消费者能够浏览和购买技能组合。[8]这些公司通过算法匹配技能组合，它们的商业模式全部都是与扩大平台规模、提高算法准确度相关的。尽管提升销售额很重要，但它们追求的是出售平台给其他市场所获收益的增长。它们的品牌承诺是用最佳的算法提供最好的匹配。

很难说到底有多少人真正通过数字人才平台进行工作。美国商务部（Department of Commerce）近期公布的一项研究将这类公司定义为“数字匹配公司”。[9]除了我在前文中提到的数据问题之外，这项研究也分析了工作者数据不可靠的问题，认为这在某种程度上是因为这些数字匹配平台是私有公司，它们不愿意公布专有的运营数据。麦肯锡全球研究所的报告显示，在提供独立劳务服务的调查对象中，只有 8% 的人曾经使用过数字平台寻找工作。[10]

最近由 PYMNTS. com 网站和电子支付供应商超级钱包（Hyperwallet）开展的另一项名为“零工经济指数”（Gig Economy Index）的研究则只重点关注了数字平台市场。实际上，它们使用的是零工经济的狭义概念，而这只包括从数字平台或人力云上获得的工作。这项研究及其发现和其他已发表的研究大相径庭。这种情况部分缘于它的抽样方法。为了保证获得精通技术的样本人群，研究者们调查了超过 3 400 名曾经使用移动设备进行购买的消费者。[11]人口和市场趋势领域的领先机构尼尔森（Nielsen）的信息显示，在考虑移动购买模式时，年龄是不可忽视的重要因素。那些年龄在 21～34 岁的千禧一代们占据了移动购物者人群的 50%。[12]因此，这个样本很可能放大了年轻群体，并且强化了年轻群体的行为和特征。它们的推断以智能手机的应用为依据，指出有 9 020 万人通过零工经济平台找到了工作，这相当于美国劳动人口的 28%。由于这份结果和其他研究相比是个异数，我不会使用这份报告的数据，我在这里提及该报告是为了强调数字人才市场上存在的大量“杂音”。

由于技能组合变得更加高级和专业化，以更专业为导向的数字匹配网站的商业模式也随之发生了改变，它们更加注重对候选人的审核。UpCounsel，一家法律市场服务公司，仅仅从 10 000 名申请者中录取了 400 名律师。无独有偶，Experfy，一家数据专家平台，在超过 20 000 名申请者中接收了 3 300 人。为了提供高度专业化的人才，数字平台应更加重视网络审核工作。（我们将在第六章更详细地讨论这些平台和它们的运作手段。）

此外，为了得到能够以更高级和更熟练的水准进行工作的自由工作者，项目之间的竞争也在发生改变，这是因为这个产品已经不再是一种普通商品了。其中一些平台将与人力资源公司以及某些高端猎头公司展开竞争，因此，这些公司就是高端人才经纪人。并且很自然的是，在高级专业人才层面上，所有的竞争者都在与自由职业者本人竞争，因为凭借自己的专业技能基础，这些自由职业者完全能够凭借声誉、旁人的推荐和过去的客户而独立地获得重要项目。

整个专业人才市场可以被视作一个金字塔（如图 2－2 所

示）。在底端有无数的数字平台和猎头公司提供着技术含量低、报酬少的商品化工作机会。第二层则包含了需要更多技能和专业性的平台，例如为司机、艺人、通信工作者和文案人员而设的平台。这里的竞争来自专业猎头公司，有时也来自自由职业者本人。最高层梯队则是高薪零工。这一层次的数字匹配平台相对较少，并且包括了一些高度专业化的竞争者。专业咨询机构也参与了竞争。最重要的是，自由职业者因其自身宝贵的专业技能而同时成为这些公司想要挖掘的资源和它们的竞争对手。

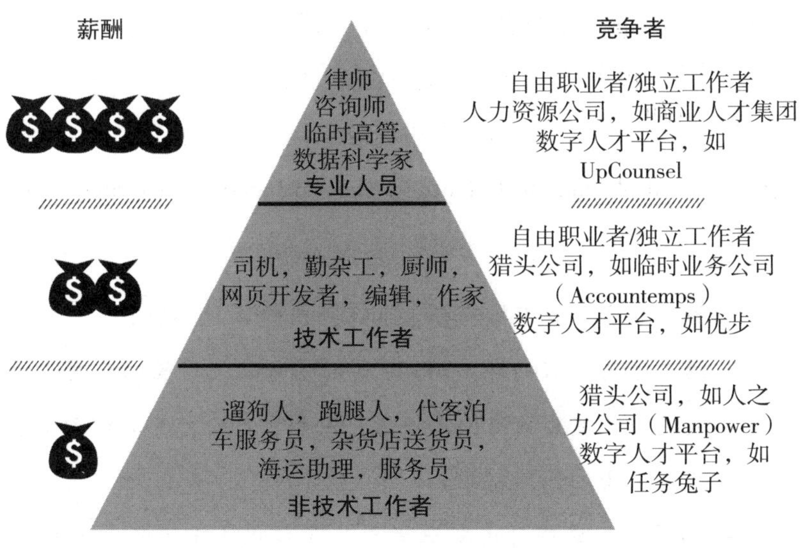

图 2－2　专业技能金字塔

金字塔顶端

金字塔的上层代表了零工经济重要的潜在利润。对个人而言，他们需要通过大量的工作才能到达顶层，或许他们还要获得高级学位才能开出更高的价格。因此，在零工经济世界里赚钱的到底是哪些人呢？今天的零工工作者可以是自由职业者、独立咨询师、独立承包人或专业人士。接下来，我将交替使用这些名词。

MBO Partners 是一家专业猎头公司，数十年来一直服务于独立承包人群体。它是为自由工作者提供就业选择和专业服务，帮助他们更加有效地管理自己工作的先行者之一。它同时也是这一领域的思想先锋，执行着目前唯一的一项针对自由工作者的定期调查。其报告的价值在于它的逐年一致性和可比性。

2016 年发布的《第六次 MBO Partners 自由工作者状态年度研究》（The 6th Annual MBO Partners State of Independence Study）中写道[13]：

- 预计自由专家市场将在未来五年内增长 16.4%；
- 这个市场目前拥有 3 980 万人（请记住，这里的人员指的是它自己定义的自由工作者，但和之前的自由工作者状态报告引用的范围相似）；
- 2015 年，这些自由职业者产生了超过 1.1 万亿美元的收入，占美国国民生产总值的 6%。

每年，MBO Partners 的研究都会根据职业的重要性划分市场，并且同时考察全职自由工作者、兼职自由工作者和临时自由工作者的情况。关于这种划分，有以下一些有趣的事实。

- 全职自由工作者是指那些每周工作超过 15 个小时的人，其中 2/3 的人每周工作超过 35 小时。他们的总人数为 1 690 万，和 2015 年的报告相比，这个数据有所下降。作者推测，这可能是经济复苏让一些自由工作者重返常规就业生涯所致。不少自由工作者表示自己从事着组合型职业，这样他们就能够在独立咨询工作和常规雇佣工作中自由进退。正如一位咨询师曾经对我说过的那样："这不过就是一份为期两年的零工。"几乎超过半数的全职自由工作者表示，他们的自由工作所得要比上班来得多。16%，即 290 万人的收入超过 10 万美元。该高收入群体以每年 7.7% 的速度持续增长，平均收入达 19.2 万美元。
- 兼职自由工作者每周的工作时间在 1～15 小时。这类工作者的人数约为 1 240 万，他们将从事零工工作视为赚取额外收入的兼职。几乎有 3/4 的人有本职工作且大部分都是全职，这也是他们投入在零工工作上的时间较少的原因。这个群体中还包括了退休人员，他们更倾向于较轻的工作量。对部分人来说，兼职零工是全职工作出现问题时的后备选项。这种"救生艇"式的想法或许与对提供保障的传统机构信心不足有关。
- 临时自由工作者是指那些在有额外现金需求时方才从事自由职业的人。在非正式的情况下，我会调查我所遇到的每一个优步司机。在我这种不够科学的调查中，这些临时自由工作者却在司机人群里占据了较高的比例。我曾经遇到过想赚点零花钱的按摩技师、教师和退休职工。这其中最有趣的可能是一个以梦幻橄榄球游戏奖金为生、靠开优步来社交的家伙。尽管这一群体包含了所有年龄段的人群，但那些出生于1980—2000年的千禧一代，才是天生适合这种工作的群体。2016年，该群体的人数为1 050万，相较2015年仅有微小的下降。

麦肯锡全球研究所的研究从另一视角考察了自由工作者市场。其同样描绘了几个群体：以自由工作为职业的自由代理人；用其他工作来补充现有职业收入的临时雇员等。这两个群体都是出于自愿而从事自由职业的。那些更倾向于有一份全职工作的人则多少有些勉强。同样地，财务状况不佳的人会通过自由职业来维持生计。图2－3对上述两项研究进行了比较。

全职自由工作者或麦肯锡全球研究所定义的自由代理人都是高收入人群，他们大多是有着雄厚资质和独特专业知识的专业咨询师。他们代表了自20世纪80年代起离开传统就业市场的成千上万名资深专业人士和管理人员。在《妈妈的足迹》一文问世后，20世纪90年代大量职业女性离开了职场，这一现象引起了许多公司的关注，这些女性中的大多数人选择了自己可控的工作。拥有出色业绩的新一代资深且专业的妈妈们也追随了这一趋势。实际上，一家名为妈妈团（MomCorps）的中介公司在全美范围内开办了特许经营机构，专门为这些自由工作者提供服务。

与此相似的是，从强大的咨询公司、华尔街以及/或者广告公司出走的人都认为，自己开办咨询公司而非作为大型企业巨头

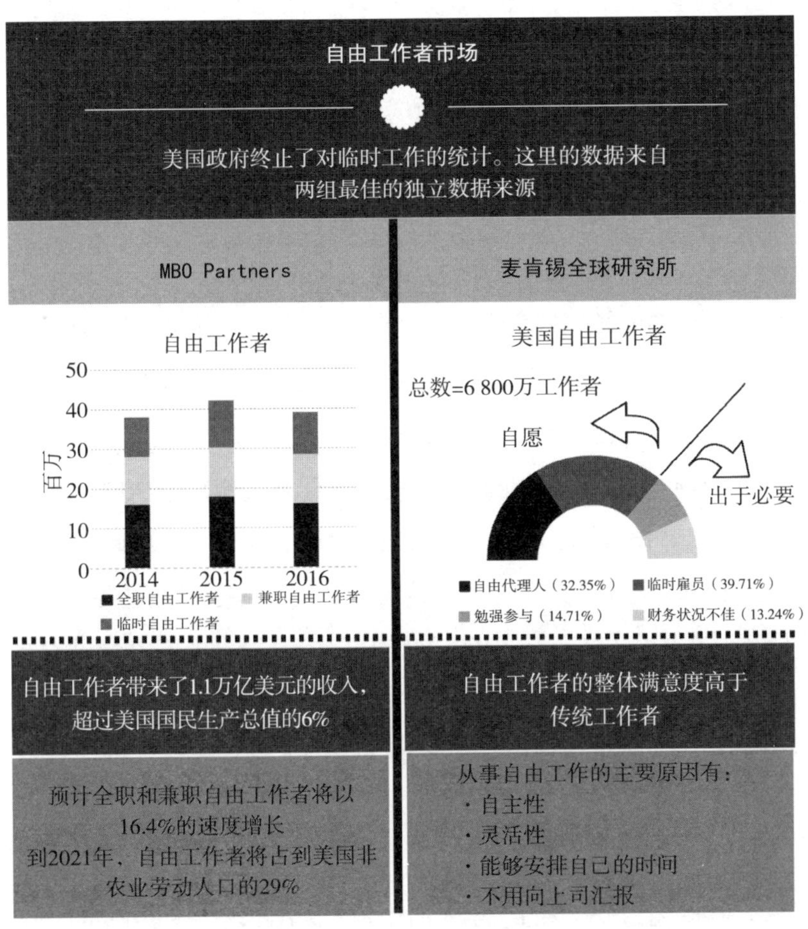

图2－3 自由工作者市场

资料来源：MBO Partners，“2016自由工作者状态年度研究”（State of Independence Study 2016）；麦肯锡全球研究所，“自由工作——必要的选择与零工经济”（Independent Work-Choice Necessity and the Gig Economy）。

的一部分能赚得更多。更重要的是，他们对原本差旅频繁的生活有了更多的掌控。最终，时间成了许多想做挑战性工作但同时又想追求其他技艺的人的重要决定因素。有很多咨询师同时也兼具剧作家、画家、莎莎舞者或冲浪运动员的身份。这种自由的生活方式让他们不仅能在工作中有所成就，更可以实现自己的爱好。

兼职工作者群体中可能也包含了这样一些高度专业的人士，他们选择提供时间有限的项目工作。在新书《引领工作》（*Lead the Work*）中，作者们援引了顶级程序员（TopCoder）——一家服务于专家级程序员的领先数字匹配平台的案例。作者们在酒吧约见了几名程序员。他们写道："我们在酒馆见到的这几位程序员曾经学习过编程，但此前他们的主业却是调酒师，这是他们热爱的职业。偶尔在 TopCoder 找工作是他们用来练手编程并且赚点外快的一种方法。"[14]此外，该群体中还有一些不愿继续从事全职工作的退休人员。而一些技术含量不那么高的领域则明显聚集了一些尝试通过咨询工作习得新技能的人。实际上，16% 的兼职工作者表示他们正在尝试发展新的技能。

自由职业者群体包括了各年龄阶段的人群。以往这种劳动力的增长主要来自 58 ~ 74 岁的劳动者。的确，X 一代和婴儿潮一代在 2015 年是最大的一部分人口，他们的人口占比分别为 33% 和 29% 。年龄超过 69 岁的老年人占比 8% 。老年群体有足够的时间发展专业领域的技能，因此，他们很自然地构成了专业零工劳动力人口的重要组成部分。[15]

而那些出生于 20 世纪 80 年代和 90 年代的千禧一代现在成了零工经济劳动力人口中增长最快的一部分。随着这个群体进入劳动力市场，越来越多的婴儿潮一代也陆续退休，退出了劳动力市场。2016 年 MBO Partners 的研究表明，千禧一代占据了自由劳动力市场的 40%[16]，这是在过去基础上的重大变化。

就像俗话说的那样，千禧一代为了生活而工作，而非为了工作而生活。尽管钱很重要，但做自己喜欢的事情更重要。他们认为，灵活性工作的积极因素在于独立性、灵活性、多样的选择以及远离官僚化企业环境的自由。许多经历了金融危机的千禧一代发现自己很难找到一份传统意义上的全职工作，因此，他们转而选择自由工作也在情理之中。他们常常以实习生或合同工的身份从事全职工作的试用工作，因此他们早早就熟悉了短期零工这一概念。随着经济的反弹，这个年龄层次的许多人开始将零工经济视为探索更多职业可能的一种方式。意料之中的是，他们中 90% 的人都没打算做同一个工作超过三年的时间。[17]

这是因为他们可能会花好长时间才能找到完美的理想工作。千禧一代是最擅长“零工兼职”的了，他们能够在“常规”工作之外找到赚钱的新路子。我的女儿就是兼职零工的一个典型例子。她拥有文科硕士学位，在纽约一家大型艺术拍卖行工作。此外，她在零工经济数字匹配平台 DogVacay 上找了一份狗狗保姆的工作，这个平台为狗主人和潜在的狗狗保姆提供配对服务。尽管这种额外的收入是一种奖励，但由于艺术界的薪资水平比较低，她可以说是的确从狗狗那儿得到了一些“补偿”。她很爱狗，并且需要做她喜欢做的事情。DogVacay 帮她实现了这个愿望。即便如此，我猜她也并没有把自己视为零工工作者。她通过数字匹配平台花时间陪伴狗狗，但并没有以此为职业。她可以算是临时自由工作者，即便她自己还不知道这一点。

尽管这样，千禧一代对于灵活性工作的观点的确和他们的老一辈不同。由于他们明显经验不足，并且通常没有资深的自由工作者所拥有的那种来自职业社交网络的机会，他们更难找到工作。作为一名自由人，他们也觉得自己和老一辈群体相比更加孤立，并且更在意得失。即便如此，他们对于自由和自主权的渴望说明这个群体将继续成为零工经济增长的重要组成部分。21% 的千禧一代将自由工作视为一条可行的职业之路。[18]

商业人才集团的首席执行官乔迪·米勒记录了千禧一代在零工世界里的利益诉求的第一手信息。在过去两年间，她在斯坦福大学暑期商业项目中向一群大学生和应届毕业生就自由工作市场的话题做了演讲。每一年都会有学生来找她进一步询问商业人才集团的问题，他们想知道自己是否有可能在这个非常有意思的公司谋得一个职位。今年，他们的问题不再和在商业人才集团工作有关，而是变成了他们如何才能成为该公司人才网络中的一部分。此外，这些问题大部分来自本科生，而不是那些多少已经有了一些工作经验的毕业生。很明显，作为一种职业的自由工作者生涯现在已经被这一群体视为一种可行的选项了。

在 2015 年 MBO Partners 的研究中值得注意的一点是，在 2 000 万名全职自由工作者中，仅有 9% 的人并非出于自愿而从事自由职业；据此推论，超过 90% 的人曾经自愿选择以自由工作作为自己的职业，占比如此巨大是因为自由工作带来了控制权和灵活性。[19]每当我听到有人说零工工作并非一种职业时，我都想与其分享上述事实。

这些自由工作者的平均工作年限已经接近九年。也就是说，他们一定对自己的生活方式十分满意。MBO Partners 的研究表明，80% 的自由工作者表示，独立工作让他们更加快乐；而他们中有 75% 的人表示，这种自由职业者的生活方式对他们的健康大有裨益。[20]世界大型企业联合会（The Conference Board）在其 2015 年的研究基础上将美国工作者的职业满意度定在了 48. 3% 。据此判断，普通自由职业者的满意度则更高，并且他们对自己的未来担忧得更少。[21]此外，对未来表示担忧的自由职业者的数量从 2011 年的 40% 下降到了 2016 年的 27% 。[22]这在一方面也反映了经济正在逐渐增长。这同时也反映出人们对这种工作模式的接受度正在逐步提高。本章我们引用了受人尊敬的爱尔兰经济学家查尔斯・汉迪在他最新著作里的一段话作为开头，我们无意不遵从他的判断，但或许现在人们已经开始注意到零工经济的发展规模了。

本章要点

- 随着企业和员工之间社会契约的消除，劳动者的流动性在科技发展下得到了提高，零工工作呈现出了加速发展的趋势。
- 零工工作者可以通过多种渠道获得灵活的工作，如专业咨询公司、猎头公司和数字匹配平台等。

- 由于缺少官方数据，而现有的数据来源繁杂且计算方式略有不同，我们很难给出零工经济工作者人数的具体数据。尽管如此，可以达成共识的是，全美有超过4 400万人正在从事零工经济工作。
- 零工经济有自己的分层金字塔，位于金字塔顶端的、人数最少的竞争者们通过高度专业化的服务创造了最多的价值。
- 所有年龄层次的群体都在参与零工经济。千禧一代和婴儿潮一代占据了这类工作者总数的70%。
- 由于千禧一代被这种工作的灵活性所吸引，加之婴儿潮一代逐渐退出劳动力市场，零工经济中千禧一代的增速迅猛。2016年，千禧一代占自由劳动力市场总量的40%。
- 零工经济工作者中的绝大多数人（70%~90%）主动选择了自由工作。

注释

1. MBO Partners, "State of Independence in America Report 2016," p. 8, *www.mbopartners.com/blog/inside-the-2016-state-of-independence-in-america-from-mbo-partners.*

2. Sandararajan, *The Sharing Economy*, location 422 of 5185.

3. James Mayika, Susan Lund, Jaques Bughin, Kelsey Robinson, Jan Mischke, and Deepa Mahajan, "Independent Work—Choice, Necessity and the Gig Economy," McKinsey Global Institute, October 2016, p. 72.

4. Mayika, Lund, Bughin, Robinson, Mischke, and Mahajan, "Independent Work," p. 30.

5. Adam C. Uzialko, "The Gig Economy's Growing Influence on the American Workforce," *Business News Daily*, July 1, 2016.

6. Staffing Industry Analysts, "Measuring the Gig Economy," p. 4.

7. 作者对克里斯·尼尔的访谈。

8. The Future of Work podcast, "Why the Gig Economy is the Future of Work," Episode 61, November 29, 2015.

9. "Digital Matching Firms: A New Definition in the 'Sharing Economy' Space," Office of the Chief Economist, Department of Commerce, June 3, 2016.

10. Mayika, Lund, Bughin, Robinson, Mischke, and Mahajan, "Independent Work," p. 37.

11. "Gig Economy Index," a PYMNTS. com Hyperwallet Collaboration, October 2016, p. 4.

12. Silke Trost, "Age Matters—Myths and Truths About AME Generational Lifestyles," Nielsen Global Report, September 15, 2014, *www. nielsen. com/pk/en/insights/news/2015/age-matters-myths-and-*

truths-about-ame-generational-lifestyles. html.

13. MBO Partners, "State of Independence in America 2016," p. 3.

14. John Boudreau, Ravin Jesuthasan, and David Creelman, *Lead the Work: Navigating a World Beyond Employment* (Hoboken, N. J. : Jossey-Bass, 2016), location 1801.

15. MBO Partners, "State of Independence Study 2015," p. 6.

16. MBO Partners, "State of Independence in America Report."

17. Millennials in the Work Force, Intuit website, *payments. intuit. com/millennials-job-market/.*

18. MBO Partners, "State of Independence in America 2016," p. 8.

19. MBO Partners, "State of Independence in America 2015."

20. Ibid., p. 7.

21. Ibid., p. 8.

22. Ibid.

第三章

零工经济的需求方

THRIVING IN THE GIG ECONOMY

“人生匆匆。如果你不时常驻足欣赏，那么你将错失很多。”

——费里斯·比尔勒（Ferris Bueller）

电影《春天不是读书天》

（*Ferris Bueller's Day Off*）

第三章 零工经济的需求方

商业前进的步伐比以往更快了。25 年前问世的互联网将我们的发展速度变成了“光速”。当今，在由社交媒体、至关重要的移动应用和云技术构成的环境下，公司要么被迫以超高速运行，要么就被远远地甩在后面。想想作为目前市场增长主要驱动因素的两个公司——脸书和推特，它们仅有 10 岁。而大多数科技公司使用的主要通信工具——斯莱克（Slack），才只有 3 岁。这意味着创新正不断快速产生着，推广之下，人们也更快地接纳了这些创新。

如果你认为语言是社会基本变革的先兆，那么请想一想，我们的词汇量和 10 年前相比有多么大的不同。在过去几年中，被收录进《牛津英语词典》的词汇包括 emoji（表情符号）、unfriend（解除好友关系）和 textspeak（火星文）等。同样，一些词汇也有了新的含义。曾经 tweeting（啾鸣）指的是鸟儿鸣叫的行为，现在则被用来描述社交媒体行家的行为。大多数美国人对互联网和社交媒体产物的接纳速度远远高于对广播、电视或家用电脑等其他任何科技创新的。这种接纳速度也推动了商业发展的步伐。

在一个新技术可以在不到六个月的时间内迅速过时的世界里，五年规划周期将不再适用。由于企业和家庭应用都已经被迁移到了云上，系统升级可以在一夜之间发生，这为企业如何响应市场和客户的需求设定了很高的标准。

同样，随着变革的加速，客户的期望也变得越来越严苛。客户希望他们的系统 7×24 小时永久在线且永久可用。由于时间变得更加宝贵，客户希望确保在需要时就可以使用所需的产品和服务。此外，他们也希望通过移动设备、电脑或平板设备安排使用设备或服务的日程，而企业则不得不做出调整以提供这一功能。

组织同样需要跟进这一趋势。在过去，招聘期总是痛苦而冗长的。硅谷的一家重要的网络公司现在开发了一款针对初级雇员的手机应用程序。曾经，公司要去人才市场收取简历。现在，它们只要通过这款应用就可以收取简历，然后在人才市场现场面试，在接下来的一周就可以发放录取通知了。

科技公司在引进各种类型人才时的偏向性可能是最大的。而其他行业则还没有完全接受这个按需应变的世界。这意味着，破坏它们商业模式的时机已经成熟。以医疗服务为例，该行业依然出于服务提供者而非客户的便利去安排日程。但这种情况也在改变。一个医生（One Medical）是这一领域的一家有着科技支持的全新竞争者，它背离传统模式，提供当天预约、在线日程调度以及与医生直通电子邮件的服务。很有可能的是，它用按需便利性打破了陈规，为这一行业设定了新的常规。

在与未来工作组织的联合创始人雅各布·摩根所做的一次访谈中，全球网络巨头思科公司（Cisco Systems）的人力总监芙朗辛·卡特索达斯（Francine Katsoudas）表示，今天来自工作的一项挑战在于企业进步得比员工更快。[1]企业需要紧跟发展的节奏。曾经用来提升执行速度的传统经营方式已经不再适用了，因此，企业需要新的经营方式。按需经济的专业资源就是其中之一。

为了在零工经济时代繁荣发展，重要的一点是要了解企业为什么需要按需经济的专业资源，何时需要这样的资源，以及如何才能得到它。让我们一起来探索当今世界工作的一些关键力量吧。

为何自由专家的意见广受欢迎

一切与项目有关

25 年前，汤姆·彼得斯（Tom Peters）在他的《管理的解放》（*Liberation Management*）一书中创造了 projectization（项目化）一词。书中他提及了我过去所在的公司 M Squared，并将其作为这一趋势的典范。在该公司中，大型项目被分解成可以按项目执行的各种不同任务。类似地，罗杰·马丁（Roger Martin）在《哈佛商业评论》（*Harvard Business Review*）中指出，知识工作从来都不属于任何职业范畴。他的观点是，传统的职业是为满足工业时代的需求而设计的，而知识工作则更适合项目，由知识工作者组成的专业服务公司乐意使用的组织方式则很清楚地说明了这一点。[2]他们会考虑哪些项目可以并发执行，而不用按顺序进行，从而让重要任务得以更快地完成。通过并行工作方式，他们可以在相同的运作时间里完成更多的工作。很显然，任何并行项目都可以交由不同的团队执行。为这些并行项目猎寻人才意味着要从外部引进专业资源。

如果不这样，那么当大型任务被分解成多个部分时，则会导致重复的连续性劳动，这意味着负责某项专门工作的同一个人要按需进行工作，或间歇性地开展工作。一项任务某一特定方面的专家只能在该领域内为团队提供咨询，并在整个过程中提供分段式的服务。以一家发布全新平台的大型科技公司为例，客户体验专家可以在某一特定阶段加入项目团队，帮助理清客户的情绪反应。在分享了自己的反馈之后，这位专家则可以撤出，继续自己的其他事情。

实行项目化的部分原因在于，世界经济的很大一部分正在由工业化组织架构转向以知识为基础的数字化架构。助力工业时代发展的阶级和工作专业化标准与现在更加灵活的架构并存。这种将所有业务活动当作一系列需要精确投入的项目去完成的理念曾经看上去只是一种经济理论，但是，现在随着劳动力市场变得越来越高效，这种理论可以成真了。中介公司和数字匹配平台减少了劳动力市场的矛盾，让我们能够高效地获得所需的即时人才，从而使我们越来越接近那种可能。遗憾的是，很多大公司并没有在它们的机构里部署可以实现这种方式的机制。而由机构内部和外部人员共同完成的项目任务将为这些公司注入新的力量。随着时间的推移，这种力量将创造出更加灵活的工作格局。

由于多学科团队变得愈加常见，这种运营模式对大公司来说也变得更加强大，对小公司也是如此。在这种运营模式下，机构只需找到必需的那一部分人才，更重要的是只要为需求部分付费即可，这是一种性价比很高的大团队组建方式。

这与咨询公司多年来得出的结论一样，在这种情况下必须有某种像“胶水”一样的共同经历来团结团队成员，让他们更紧密地合作。在管理一个由员工和自由咨询师组建的团队时，特别是在咨询师没有共同背景的情况下，这个需求显得尤为重要。不论是所有团队成员通过启动去了解参与规则，还是由项目领导负责让所有参与者了解项目在该特定情况下的处理方式，都可以使用“胶水”法。科技同样提供了凝聚虚拟化团队的方法。印象笔记（Evernote）和阿桑特（Asante）等很多公司都利用协同工具来建立内部和外部团队成员统一的沟通渠道。

多年来，M Squared 一直与致力于协同通信的主流科技公司保持合作。一家全球员工总数超过 6 万人的企业曾经在保证全员就重要业务目标达成共识上遇到了重大的沟通难题。该公司的核心竞争力潜藏于它的前沿技术之中，它以自身需求为基础，选择在团队中引入复杂的通信专业知识，因此，在产品落地、收购或重大品牌活动等时间点，我们会在公司的多个团队内部署通信咨询专家，请他们澄清和整合相关信息。为了简化这种大型工程，我们为客户创造了一个矩阵，其中我们对入驻任务团队的通信专家提供指导和监督。我们就是让这些专家随时随地与客户公司实现无缝对接的“胶水”。

这就是商业模式

广告业长期以来就是一种在开展特定项目时引入自由人才来补充内部团队的行业。鉴于这样的传统，即便再多机构的业务是以大量自由职业者构成的核心专业补充团队为前提，也都不足为奇。尽管该行业的大多数机构都是这么做的，但只有小部分机构宣称这是它们成功的关键。（其余机构对此则没那么透明，它们不希望自己的客户了解到底有多少工作是由外部资源完成的。）旧金山的哈布战略与传播公司（Hub）就是一个很好的例子，这个仅有 15 名员工的机构因为 100 名获奖创意人才的加入而扩大了规模。创始人 D. J. 奥尼尔（D. J. O’Neill）表示：“我们不用承担雇用这些卓越的创意人才的开销。他们做自己擅长的事，直到下一个需要他们技能的工作出现才离开。我们告诉客户，我们能够以中型机构的价格、小型机构的效率和服务实现大型机构的产出。”[3]

管理咨询是另外一种本质上基于项目的业务，因此，它可以构建一种将固定成本降到最低的按需配置的人员结构。高地咨询集团是萨克拉门托的一家向政府和企业客户提供战略与运营咨询的专业服务公司。从可行性研究到采购，再到变更管理，它的项目通常都是长期性的，在不同的阶段需要不同专业知识的配合。而它的销售周期也比较长，因此，维护一组完整的专业咨询师补充团队成为一件代价不菲的事情。它创造性地利用忠诚的自由咨询师群体，有效地处理了自己业务的周期性问题。集团首席执行官迈克·卡佩卢提说：

> “从第一天起，我们就用自由咨询师来提高我们的咨询能力，或提供特别的专业资源。他们大多拥有至少10年的咨询从业经验。其中不少人想在项目间隙休个假，或是从事兼职工作。我们将他们很好地融入了项目团队，这样客户就无法辨认谁是我们的员工，谁又是我们的合同工了。我们就是一支无缝对接的、统一的、高效运作的团队。我们只与那些在客户服务、统一性、团队精神和学习态度方面与我们有同样价值观，并且真正喜欢我们为他们选择的工作的咨询师合作。我们希望自由合同工作者将我们视为他们愿意合作的首选公司。与他们的长期合作省却了我们在资源审核上花费的时间和金钱。”[4]

有关这种缜密的战略方式的另一个很有意思的例子是A Connect。这是一家全球性的咨询公司，该公司依托自己由高级专业人才组成的自由专家网络为客户打造高度专业化的项目团队。它的口号也宣扬了这种战略：“丰富的人力资源——全球范围交付。”[5] A Connect的自由专家（Independent Professionals，简称IPs）是经该公司精挑细选的。一旦被分配了某一项目，他们就会得到A Connect的名片和电子邮箱。当项目结束后，这名自由专家可以离开，而这种业务关系依然保留着；在任务执行期间，自由专家可以免费使用A Connect的办公空间。

专业资源内包

企业快速发展的另一个特征在于，每当新机遇出现时，公司可能没有相关的专业资源去及时而全面地评估这些机遇。为了快速响应，该公司需要引入一些外部专业资源。例如，如果一个企业中没有任何人对即将进入的新市场有任何第一手信息的话，那么有关迁址，特别是国际性的搬迁决策，就会成为一个难题。同样地，产品线的扩张可能会带来新的供应商、新的分销渠道和客户。针对这些新领域的任何内部信息都具有相当大的价值。

因此，许多公司都求助于自由咨询市场，为这些新的机遇引进精准的专业资源。商业人才集团是一家提供经核实的高级自由咨询人才网络的专业咨询公司，这些人才每完成一个项目的平均费用为 10 万美元。许多自由代理咨询师都出自大型知名咨询公司，和麦肯锡或贝恩（Bain）等公司收费不菲的解决方案咨询服务相比，他们以更低的价位提供了替代性的选择。与之相似的是，M Squared 一方面聘用了自己的咨询经理，另一方面也通过自己的人才网络招募自由咨询师来填补项目团队的空缺。

这些项目将为客户带来重大的战略输入。商业人才集团近期的项目包括了一项帮助某生物制药公司发布一款新型药品的工作。这家公司没有任何内部专业资源可以用来设计针对正在全球扩张的主要竞争者的全球化零售战略，同时也没有人选能够临时接替休产假的财务服务公司高级经理的工作，这项工作的主要职责包括领导一个主打新产品的上市工作。[6]

在更小的层面上，很多公司或许需要获得针对某一重要主题的专业意见。以一家私募公司为例，该公司可能希望在考虑购买LED制造设备之前了解有关LED照明产业未来的意见。Zintro就提供了这样的服务。它的创始人斯图尔特·卢坦在卖掉了他的软件公司之后，为美国格理集团——一家通过电话或短期咨询项目，或者以专家证人身份为私募公司提供专业建议的公司——提供一些临时的咨询服务。让卢坦惊讶的是，尽管格理集团的要价相当高，专家却只能拿到费用中的很小一部分。他猜想到，这其中很大一部分成本来自格理集团当时高度手工化的后端匹配流程。他利用自己的技术能力解决了这一低效问题，同时创造了一个拥有专门算法的平台，使得他能够以更高的效率匹配项目和专家。现在，包括其他专家网络在内的许多其他网站都在使用这项技术为客户定位专家资源。Zintro的网络是一个涵盖了咨询师、科学家和工程师的综合体，他们往往是所在产业中非常高端和神秘的领域专家。Zintro同时发现，某些特定的公司，比如研究公司，常常会有很多持续时间较短但又很复杂的需求，因此，它为这些客户开发了付费订阅的使用模式。

为了在今天的市场中保持竞争优势，公司需要引进多种数量不一的精尖专业知识。如果说商业人才集团为大型项目提供了恰当的人才，那么Zintro则能够为那些只是需要一个答案或决策前建议的人提供精确到“一茶匙”分量的服务。

按需购买

英语中有一句谚语："如果只是想吃一些香肠，何必买一整头猪?"很多公司并不需要为季节性或有限时间的工作投入正式的人力。《福布斯》（*Forbes*）杂志最近的一篇文章重点关注了旧金山一家发展中的为儿童提供教育产品的零售商小小护照（Little Passports）。现在，该公司市值300万美元，业务正在不断发展。然而此前，当风险投资人并不看好它的订阅式教育产品理念时，它不得不求助于天使投资。小小护照没有采用获得慷慨投资后在媒体上展开全面闪电战的那种攻势，而是雇用了一批自由营销人员来推动业务的发展。[7]许多类似的自力更生的企业也通过自由工作市场获得了它们所需且能承担得起的专业资源。

在自由专业市场购买所需的资源同样也是首席执行官联盟的活动之一。首席执行官联盟是一个联合了加利福尼亚州北部企业领袖的机构，它为首席执行官和企业高管们提供了一个交换战略意见、提升领导技能、建立有价值的关系的机会。我是该联盟的20名理事之一。我们每人每月都会举办一场由10~20名首席执行官参加的会议。会议旨在让他们与其他领导者一起探讨商业战略问题，并且围绕这些问题和机遇收集机密信息。联盟的理事都是资深商业人士。他们中的许多人和我一样，都曾担任过首席执行官；另一些人则拥有融合了咨询、教育或投资等背景的丰富商业经验。不论背景如何，我们都是该联盟的顾问。由于每个小组每月只举办一次聚会，该联盟本可以雇用一个（或两个）全职员工来管理这些首席执行官小组。然而，联盟选择与一个由形形色色高管组成的群体达成协议，由他们来为这一职位带来更多的可能性。如此一来，联盟能够利用的就是一群资深人士的专业资源和见解，因此能够为它的会员提供更强大的服务模式。

新的视角

为了获得看待问题的新视角，并且将其变成解决问题的新方法，很多公司开始寻求咨询公司的帮助。在新书《绝佳提问》（*A More Beautiful Question*）中，沃伦·贝格尔（Warren Berger）描述了内部专家的问题。这些专家仅仅因为“知道”（公司内部的情况）而不必就此提出质疑。而外部专家来自另外一个新环境，因此更有可能提出富有创意的“为什么”和“会怎样”等问题，这是因为他们不会被已知的信息所束缚。自由专家的专业资源可以提供同样的局外人视角，从而带来创新的结果。

《华尔街日报》近期的一篇文章指出，许多首席财务官在面对行动派投资人和被扰乱的市场时，开始寻找咨询师帮助他们应对这日益复杂的世界。一名研究者指出：“咨询师们就好比水管工，在暖气出问题时你会雇用他们，但把自己培养成一名水管工则是一点儿也不划算的。”[8]

有时，新鲜的视角是必需的，因为内部团队已经围绕一个问题工作了太久，他们无法再分辨出问题中微妙的部分。查尔斯·杜希格（Charles Duhig）在他的新书《更巧更快更好》（*Smarter Faster Better*）中谈到了美国联邦调查局（FBI）为了通过大数据搜索为进行中的调查找到样本和线索，在建设综合系统抓取所有类型的犯罪活动数据时遇到的问题。这个系统的建设花费了多年多个项目的努力和17 000万美元的经费，然而它却十分不可靠，以致办案人员依然在用档案卡收集数据。而一位在华尔街历练过的系统开发者则从不同的视角，通过敏捷式编程等全新的策略扭转了这个项目的局面。

同样地，由于内部政策导致问题太棘手而无人问津时，局外人则成了最佳解决人选。在一些公司，由于没有人愿意打开“潘多拉的魔盒”，因此，困难的问题常常被忽略了。而一名中立的旁观者往往是打开魔盒的最佳选择。咨询师可以被视为不结盟者，因此他们的观点会更为客观。

如果没有人愿意冒险提出问题，那么这时就需要旁观者的观点。M Squared曾被要求介入一家国际超细纤维制造商的案子，该公司有一个业绩欠佳的部门。公司的首席执行官、管理层以及董事会在未来发展路径上意见不一。在该走哪条路这一问题上，公司内部剑拔弩张，因此，他们找到了一名外部专家来评估不同的选择。这位咨询师得出了有效的评估结论：该部门的收益不足以带来股东所期望的、其他业务部门都可以享受的那种税前收益。另外，他能够客观地评价底层技术，并且发现这种技术在不同类型的应用下是高度市场化的。他建议可以将该部门出售给其他行业的公司，它们可以通过不同的盈利方式运用这一技术。这最后一条建议是绝无可能由内部人士提出的，而正是这一条策略提供了最佳商业和财务解决方案。

此外，有些时候，内部小圈子并不愿意告诉首席执行官：他们的发展方向可能不太明智。优秀的咨询师则可以满足这种需求。他们知道尽管自己受制于客户，但他们同样也与这些客户的成败息息相关。有时，在涉及那些被称为“皇帝的新衣”的问题时，公司便会花钱请咨询师向首席执行官传达那些可能不好的消息。

人员编制上的空缺

正如导演伍迪·艾伦（Woody Allen）所言，90%的成功在于现身。如果某些人物没有出现在管理团队中，那么就会出现问题。然而，事情总会这样发生。核心管理者的意外离去可能需要内部的解决方案。相似地，一次突然的疾病或病休同样需要人员来替补。为了确保在管理者缺席的情况下不损失生产力，很多公司长期以来会寻找临时工来帮助管理层人员和支持团队成员，现在，他们也认识到自己可以通过相似的方式来处理管理层缺位的问题。

多年以来，我们为我们的客户提供产假保障产品。我们为人力资源经理、首席财务官、执行主管和营销团队经理的产假提供了保障服务，而这些仅仅是其中的几个例子。我们会在产假开始前与客户一起讨论如何处理产假期间的用人问题。在某些情况下，责任可以被下放到其他团队，因此需要填补的角色并不是全职对等工作（full-time equivalent，简称 FTE）。在另外一些情况下，休假意味着给下属增加更多职责。在某些这样的前提下，我们的项目会填补下属的空缺，而非填补离职经理的空位。

今天，很多行业都面临着由婴儿潮一代退休而带来的日益严重的岗位空缺问题。国防合同工在 65 岁时必须强制退休。不幸的是，代替退休员工的新雇员并没有与其前辈相近的经验。某些专业猎头公司则迅速将这些拥有国防合同工所需的技能组合及安全许可的退休人员招入自己的自由人才网。在某些情况下，他们会将这些退休人员卖回原来的公司。虽然 65 岁的人无法再被雇用，但他们依然能成为顾问。(这很有意思，我懂。)

收购事件则是临时性人才的另一重要业务领域。收购者通常需要更好地了解所收购的团队拥有的技能，而在完全了解新的业务能力前，他们可能不太愿意雇用全职员工。与此同时，还有工作需要完成，因此，临时雇员就成了主要解决方案。这在被收购公司人员大量离职，而管理者想要掌控自己的职业命运时，显得尤其有效。而为了在过渡期间保证一切正常运转，公司可能还需要一些额外的专业资源。

我们曾经服务过一个项目，其中一家大型制药公司收购了一家发展中的生物科技公司。制药领域和生物科技领域是有一些相似之处的，但是在很多方面又截然不同。主要差异之一在于赔偿金。制药公司的人力资源主管认为她并非生物科技领域主流业务专家。而该生物科技公司只有非常初级的人力资源员工，且该员工完全无法达到新团队平滑融合期间所需的专业水平。为此，我们派出了一名拥有生物科技领域专业知识的高级人力资源专家，来帮助收购团队开发全新的补偿金和人员留存项目。

团队合作

许多公司将雇用即时性人才作为它们招募过程中的一个步骤。这种“试了再买”的模式发展得颇具规模。对于很多公司而言，以项目为基础招募一些人是一种实时评估他们是否能够融入组织的方式。对初创企业来说，这也是一种非常强大的工具。“一个坏员工对初创企业来说可能是致命的，因此，零工经济就成了我们寻找最佳人选的可靠策略。”退货物流解决方案公司（@ returnlogic）的联合创始人兼首席执行官彼得·索博塔（Peter Sobotta）表示：“最成功的人才招揽方式莫过于为这些人才提供能立即为公司带来利润的小型合约项目，从而判断这些个人是否是优秀的新人。”[9]

在 M Squared，我们知道某些关键角色对我们的成败至关重要。因此，我们通常会定期招募“替补”人员，以确保我们不会在面向客户的关键岗位上出现空缺。能够真正为项目匹配咨询师的客户服务经理（client service manager，简称 CSM）就是其中的一个关键职位。我们在招募时将其定位为有经验的咨询师，并以此开始寻找。我们会花钱让他们在我们自己的平台上接受培训，进行实践。接下来我们会让他们明白，在任何有需要的情况下，我们都会请他们作为团队的一分子来救急——达成这个共识后，大家可以暂时说再见了。当业务量激增且我们又没有内部资源可以调用时，或者在我们知道假期可能延长或有人会请产假的前提下，我们就可以请这些替补人员来填补空缺了。我们的替补团队通常都比实际需求要大，因为我们知道这些优秀的咨询师也有自己的客户，他们可能会因为太忙而无法响应我们的需求。对于我们这种时间敏感性较强的企业来说，替补团队是一种强大的工具。

这同样也可以成为一种招募工具。在要为团队招募一名新经理的时候，我们在替补成员中注意到了一名曾经做过人力资源副总的人士。她不仅成为了我们团队的一部分，而且在最后我们招聘人力资源副总时得到了这个工作。她对于我们是如何战略性地利用人才组建团队的认识，不亚于其他任何人。

对速度的需求

当然，我们今天对输出成果的紧迫感让很多人尽可能地招募他们能找到的任何额外的专业资源，以便开展新的任务，满足季节性需求的激增，或仅仅处理那些需要完成的非核心任务。

例如，明智学院（WISE Academy）是一家位于纳帕谷的为葡萄酒行业提供领导力发展和销售培训课程的公司，它的首席执行官莱斯利·伯格伦德联系了我，因为她想听取我的建议，了解如何才能找到专业资源为她设计提供给酿酒厂的课程。在与大型商学院的合作之下，她推出了令人振奋的课程内容，为此，她希望尽快将这些全新的高管教育项目投入运营。考虑到明智学院在国际上的发展以及当前客户的需求，现有的员工很难快速地构建出完整的新课程体系，而一位经验丰富的教学设计师则能够让这个激动人心的新项目快速问世。

这样的事情在美国国内的初创企业中频频上演。我的另一位同事兰詹·辛哈开创了爱与香料公司（Heart'n Spice），提供一种个性化的营养餐外送服务。该服务与大型医院及减肥项目合作，为会员提供健康而新鲜的餐食。这个 18 个月大的公司需要快速发展。兰詹，这位非常了解如何高效完成任务的连续创业家，通过多个数字化人才市场找到了网页开发者和其他技术资源，从而加快了服务的发展速度。

轻聚合公司（Light Polymers）是美国湾区的一家化学材料初创企业。该行业已经由陶氏（Dow）、杜邦公司（Dupont）和巴斯夫（BASF）等国际化大公司主导。这家新企业充分利用了多种自由专家资源：请退休的管理者帮助公司进入亚洲市场，从数字平台上聘请平面设计师，以及为研发部门寻找博士后研究人员。该公司的首席执行官马克·麦康瑙希（Marc McConnaughey）说："在轻聚合，为了实现突破，发展得更快、更灵活，我们几乎在所有方面都使用了零工。我们可以在一天而不是三个月之内完成交付，这与我们所在的传统行业是截然不同的。"[10]

他传达的信息很简单，任何公司如果不伸出手来尝试用外部专业资源撬动内部团队的力量，那么它将在竞争中失利。

给新经济工作者的暗示

在劳动力市场的这种趋势下，为了取得成功，按需经济下的工作者们应如何优化自己呢?

很显然，紧迫性是成功的一个关键因素。公司希望实现快速响应，因此需要以尽可能高的效率获得正确的资源。“在客户迫切需要的时候出现在正确的地方”是今天的咨询师们成功的关键。这些“正确的地方”与你的专业有关，但是它们通常包括某些人的联系人资源、专业协会以及领英小组等。（我们将在第六章就这些策略进行更多的讨论。）

此外，公司需要确保这些外部资源可以快速进入其组织，而这种资源准备的同化步骤应该是及时且无缝的。能够迅速适应新组织并且快速跟上节奏的能力是至关重要的。

内包资源必须时刻准备好立即行动，因此需要明确并减少任何可能减缓发展速度的摩擦。合同或保险认证等任务保障应及时到位。（我们将在第八章讨论更多后勤保障的问题。）

考虑到业务的发展速度，一名优秀的咨询师需要定期到他们的客户处报到，从而保证项目是在既有轨道上运作的。这是因为，如果等到项目全部完成才发现一切和客户的期望相距甚远，那么这就不能算是一次成功的参与了。这种校准工作应该成为咨询业务流程的常规部分。

对于那些试图快速运转的公司来说，设置替补人员是一种强大的工具。这样做可以将“我到哪儿找明天帮我做这件事情的人”这种问题排除在考虑之外。此外，项目结束后的知识转移也是很多公司常常忽略的一个关键问题。完成一个项目是一回事，而如果有关这个项目最好的专业资源就此离开了你们的组织，那么公司则并没有扩大它的知识资本。咨询师应该从一开始就认识到这一点，并且在所有项目中设置知识分享环节。这些要素构成了能够使公司和咨询师同时在新的工作世界里繁荣发展的商业模式。在接下来的几章里，我们将探索确保你所服务的公司及其服务与这种商业模式融合的方式。

本章要点

- 技术的快速演进缩短了商业周期，以致公司为了满足市场需求而遭遇了资源上的挑战。
- 企业采用按需专业资源的原因有很多，主要包括:

  ——采用项目化运作;

  ——专业资源内包;

  ——获得外部视角;

  ——按需购买;

  ——填补人员编制上的空缺;

  ——考察未来的员工;

  ——确保任务快速运转。

- 零工工作者需要满足公司紧迫性的需求，从而适应全新的工作世界。为保证客户得到期望的结果，他们应提供经过深思熟虑的方案。
- 公司应考虑建立按需专业资源的人才库，从而满足时间敏感企业在管理能力上的需求。

注释

1. Future of Work podcast, "Why the Future of Work Is all About People," Episode 93, July 11, 2016.

2. Boudreau, Jesuthasan, and Creelman, *Leading the Work*, location 2664.

3. "Small Agency Series: Hub Strategy and Communications," *The San Francisco Egotist*, October 5, 2016.

4. 2016 年 11 月 10 日迈克·卡佩卢提发给作者的电子邮件。

5. A Connect website, *www. a-connect. com.*

6. Business Talent Group blog, *https://businesstalentgroup. com/blog.*

7. Susan Adams, "Little Passports Founders Desperately Wanted VC Cash. Luckily They Got Zero," *Forbes*, November 2, 2016.

8. "CFOs Turn to Consultants as Challenges Mount," *Wall Street*

Journal, July 25, 2016.

9. John Dame, "How the Gig Economy Can Fit Your Business," *Central Pennsylvania Business Journal*, September 30, 2016.

10. 2016 年 10 月 12 日马克·麦康瑙希发给作者的电子邮件。

第四章

打造你的独立品牌

THRIVING IN THE GIG ECONOMY

"你的品牌就是当你不在场时人们对你的评价。"

——杰夫·贝索斯（Jeff Bezos）

第四章 打造你的独立品牌

在我出版第一本书时，有关个人品牌的问题受到了很多关注。我的《新时代专业人士》，丹·平客（Dan Pink）的《自由工作者国度》（*Free Agent Nation*），以及彼得·蒙托亚（Peter Montoya）的《名叫“你”的品牌》（*The Brand Called You*）等书都为市场中那些希望通过打造个人品牌来创建未来事业的人们提供了帮助。这样的建议层出不穷，最近出现的书籍还有《自由职业者圣经》（*The Freelancer's Bible*）。鉴于此，我们对这个话题真的还有什么更多可说的吗？

在我们生活的数字化世界里，怎么可能会无话可说。回到过去，打造个人品牌的过程包括：整合你的工作，明确你的价值定位，为自己争取一席之地。这在今天也是如此。但现在所有的这些工作都与你的数字化历史有关。有人说，即便一个两岁的小孩也有自己的数字足迹。与 Reputation. com 相似的网站，以及与其个人解决方案产品“名誉维护者”（reputation defender）相似的服务，都通过抹去数字足迹赚了大钱。当我为大学高年级学生讲授人力资源课程时，我们通常会讨论到这个问题，很多人并没有意识到，他们在大学时期贴在脸书网站上的带着啤酒罐和红色塑料杯的不雅照片会让他们生活在羞愧之中。

但是，即便你没有任何数字化失误，你还是会以数字化形式发声。在当今世界，这种声音是咨询师品牌非常关键的一个组成部分。10 年前，你未来的雇主或许会查阅你的简历。现在，在考虑给你提供职位之前，你的客户会在谷歌上搜索你的信息，在领英查看你的档案。顺便一提，引起他们注意的或许不是你的资质证书，更有可能是你在简历中出现的拼写错误。我们应正视这个问题：一些人并没有像对待自己简历那样重视自己的领英档案，而简历可能只会给人留下平淡无奇的印象。接下来，我们先从基础开始，然后再进一步讨论数字化品牌建设，以及如何运用社交媒体支持你的工作。

先说重要的

如果你正在从事咨询工作，或者已经做好了这样的决定，那么请直接跳到本章的下一节。那些还在考虑中的人，请继续阅读这一小节。就像我在自己的第一本书《新时代专业人士》[1]中详细讨论的那样，开启咨询工作存在固有的风险。因此，在进一步行动之前，你必须思考以下三个关键问题。

第一，你真的具备他人愿意购买的专业技能吗？没有人想要半吊子的专家。如果你的技能并没有强大到可以声称精通的程度，那么请不要指望在这方面有什么未来了。这就是说，不同领域的准入门槛和经验域是不一样的。一名刚毕业的大学生不太有可能具备筹建跨国公司项目管理办公室的专业经验。然而，同样是这个人，却有可能拥有小公司数字化媒体战略所需要的深层知识。因此，当你在评估自己的专业系数时，请确保它和你从某一特定领域的公司那里得到的任务是同一个类型的。

第二，假设你的技能是有市场价值的，那么接下来还可以引出两个问题：每年你需要赚多少钱？你的专业技能面向的市场足够支撑你的生活方式吗？你希望从咨询工作中获得的年收入是一个私人问题。它取决于你的存款额、从其他来源获得的收入，以及你的消费模式。如果你是唯一的服务提供者，每月有固定的开销，那么开启收入或许不太稳定的职业生涯可能会让你望而却步。你需要小心地安排预算，对你可以实现的收入水平、获得工作所花费的时间以及不同任务之间的停工时间做出认真的假设。然而巧合的是，新的数字平台可以为这种戏剧化的过程提供缓冲。当你发布自己的咨询服务时，你可以同时用优步兼职，或是每周做一些任务兔子上的零工，以此在业务发展缓慢时赚些钱。这种依托数字平台做兼职零工的能力或许促进了专业自由工作趋势的增长。

除此之外，很多咨询师都是高级管理人员或企业家，他们主动选择离开原来的公司或运营岗位。对他们而言，咨询不再是必要的收入来源，而是保持全身心投入的一种方式。麦肯锡全球研究所在近期的一项研究中将他们称为“休闲自由工作者”。很多婴儿潮一代的退休人员也属于这一群体。从公司早早退休后，他们依然想工作，但要视自己的情况而定。充足的收入并不是这一群体从事零工的主要因素。

对那些需要考虑收入因素的人而言，他们可能很难预估市场需求，只有在销售时才会明白买方的反应究竟如何。对此，方案之一可以是设计一个时间进度表（例如，我将给自己留三个月或六个月的时间，看看自己是否能够获得吸引力）。如果你这么尝试，那么请尽量贴近实际生活情况来设计，从而让结果更有意义。同样地，另一个方式是请组织里值得信赖的同事告诉你他们会为你的服务付多少钱，从而帮助你了解这一市场。

Hourly Nerd 或 Zintro 等数字人才网站可以提供一些项目的参考费率，但是招投标机制可能会降低费用；有工作需求的咨询师或许会为了引起价格敏感买家的注意而降低报价。在技术领域，Fiverr 或 Upwork 上的零工价格可以人为地下调，这是因为这些网站上的任意一个合同工作者都来自低收入地区。在与来自巴基斯坦或保加利亚等地区的零工工作者竞争时，人们很难再采用低价竞标策略。（确实，为了开发我的书籍网站，我在 Fiverr 平台找到的程序员来自罗马尼亚、摩洛哥和英国。）

M Squared 或商业人才集团等专业咨询公司或许是你技能的市场收费标准的最佳信息来源。请记住，尽管如此，这些公司所从事的业务并非为新兴咨询师进行职业咨询；然而，它们常常会寻求有资质的人才。你应该能从它们的入职培训过程中发现，你的背景对它们来说是非常有意思且有商业价值的。

第三，如果你在浏览数字人才平台时感到非常兴奋，这是因为许多零工工作看起来都是你的拿手好戏，请记住，不少这样的网站都存在“看的人多买的人少”的情况。实际上，一些网站甚至会为买家打分，从而在发布项目时暗示他们曾经实际雇用过零工工作者。

你是一座孤岛

约翰·多恩说过：“没有人是一座孤岛。”然而，他并不了解自由工作者的做事方法。作为一名自由咨询师，你就是一座孤岛，因为一切都要靠你自己。

你必须能够为自己找到发展方向、动力、支持和安慰。专业协会和同事可以给予你一些支持，但是大部分情况下，你还是要靠自己来创造满意的工作环境。在很多情况下，你将在线下客户环境之外进行工作，这会增加疏离感。对一些人来说，在客户那里工作也会有疏离感，因为你可能会被当作局外人。

一些咨询师与其他自由工作者搭档，从而获得了更多社群的感觉。另一些人则在 WeWork 联合办公空间租用办公室，这么做不仅能够得到办公空间、行政支持和技术服务，也能感受到社群的氛围。然而，这些服务是有代价的。在美国旧金山，最便宜的 WeWork 方案是 400 美元/月。如果租用空间的主要目的在于保证社交关系而非效率，那么你可能需要重新思考你的计划。

请和任何有过远程工作或家庭办公室工作经验的人回顾你的职业生涯。看看你过去是很高效呢，还是容易分心？你是在与同事重新联系上的时候感到十分开心呢，还是更乐意常常待在家里工作？你是否需要在午餐或喝咖啡时与人会面，才能保证一天的平衡？如果经过再三思量，你发现自己更喜欢充满活力的办公室环境，那么你或许要慢慢来。因为在自由咨询环境中，你可能很难找到其他资源来替代从他人那里获得的能量。

你可以说“不”吗

在中篇管理小说《首席执行官的五个诱惑》（*The Five Temptations of a CEO*）一书中，帕特里克·兰西奥尼（Patrick Lencioni）认为，首席执行官的一个普遍缺点就是无法传达坏消息。为了避免冲突，他们会通过指标来表示欠佳的业绩，而不是直接指明这一问题。如果提出咨询要求的人就是该公司的首席执行官本人，那么这一缺陷则会带来致命的问题，正因如此，你需要和客户说“不”的理由有很多。

首先，你必须能够告诉客户他们错了。他们可能不爱听，但你必须给他们这个答案。那些总是和客户说些投其所好的话而不告知坏消息的咨询师，会毁了他们自己的长远发展。请记住，你被雇用是因为你的专业经验，而非你玩弄政治的手段。

其次，你或许需要让客户知道，他们请你做的一些事情并不在项目范围之内。作为员工，我们都习惯对老板言听计从；如果你正在做 X，却又被要求去做 Y，你会以老板为中心并照做。作为一名咨询师，事情就没有那么简单了。你所签署的合同是针对交付成果的。如果客户提出了这些成果之外的要求，你所面对的就是工作范围的改变，因此，你必须重新就合同进行协商。这种与客户的沟通是困难的，但也是必要的。

最后，如果客户要求你从事超出你技能范围的工作，你同样需要说“不”。通常咨询师会提出一些建议，而此时客户就会要求这名咨询师来实现它。咨询师或许恰好能够胜任，但也有可能无法胜任。因此，最好的做法是拒绝这些并非你强项的后续工作，而不是接受任务但表现得很糟糕。一个真正的咨询师的标志是：一个具有高度职业道德、完全以客户为中心的人，为了在服务客户时做到最好，他们可能会拒绝客户的一些要求。

一名组织咨询师曾经为一家大公司客户完成了重大重组工作。这家公司又请她继续管理招聘工作，招募新公司架构下所需的高级管理人才。尽管没有猎头或招聘的专业经验，她还是接受了这项工作。她身上具有大多数成功咨询师的那种傲慢态度，“这会有多困难呢?”她想。幸运的是，在她失去所有由她出色的组织设计带来的商誉之前，她找到了我们寻求建议。我们对此进行了干预，并且找到了一名猎头专家来负责招聘工作。原有的咨询师则成为面试时的一员，而这也是她所适合的角色。能够说“不”，并且知道在何时应该说“不”，是保证你工作成果质量的重要因素。

你的品牌基础

对于那些已经决定成为独立咨询师的人以及已经开展业务的

人，让我们来讨论一下个人品牌建设的关键要素吧。

日用消费品品牌建设的经典研究表明，对品牌最高的回报意味着品牌认知和品牌价值都达到了最高水平。进一步说，这会给投资人带来最高回报，也就是说，你会随着品牌效应的增强而从中获益。

和任何业务一样，品牌价值实质上就是你的核心价值观。简言之，你的品牌就是你所代表的以及你传达给客户的一切。你所提供的价值主张是怎样的？买家认为你所提供的服务有哪些有形和无形的特点？客户如何与你的品牌互动？在这种互动基础上，你的品牌个性又是什么？

我知道，对一些人来说，这看上去有些感性，那么下面我们来讨论有形的内容。请想想你在咨询工作中采用的方法、你的工作方式以及你的产出。在方法方面，你所带来的是提出创意解决方案的能力，还是挖掘问题的能力呢？你是将自己作为专家、导师或者教练来收费的吗？同样，你的工作模式是投身团队，完成团队所需的任何工作，还是回家埋头研究，最后带着答案回来呢？最后，你的最终产出的实质是什么呢？客户购买的是一个建立在共识基础上的解决方案，一个狂野的新设计，还是一份 30 页的白皮书？

表 4 - 1 为你提供了多种工作方法、工作模式和工作成果的描述。请想想哪些是最适合你的业务，以及你还能想到哪些其他的内容。这些特征中有哪些是你和你想做的工作的核心？这可以帮助你分离出你的业务的核心价值观。

表 4 - 1 价值表

工作方法	工作模式	工作成果
合作式	以过程为导向	基于共识的
数据驱动的	激励性的	引起争议的
分析式的	交互式的	合情合理的
创意型	研究密集型	创新的
获专利的	综合性的	可随时付诸行动的
独有的	技术辅助式	适合一定文化背景的
基于专家的	以团队为导向	影响深远的
顾问式	独立工作	影响力大的
导师式	多样的	基于报告的
直观式	思考型	有引用价值的
经时间检验的		可进一步扩展的

咨询工作的 SWOT 分析

另一种思考你的品牌的方式是利用战略顾问们可能会提出的问题。SWOT 分析是任何企业战略规划的一个关键，这是一种用于评估优势（strengths）、劣势（weaknesses）、机会（opportunities）和威胁（threats）的战略分析方式的缩写。

如图 4 - 1 所示，在优势和劣势这一部分，你要定义在你专业资源的功能领域中能够实现和不能实现的事情。例如，一名首席财务官会将自己的专业应用领域定义为陷入财务困境的公司，而非稳定的或发展中的公司。一名营销传播顾问可能是员工沟通

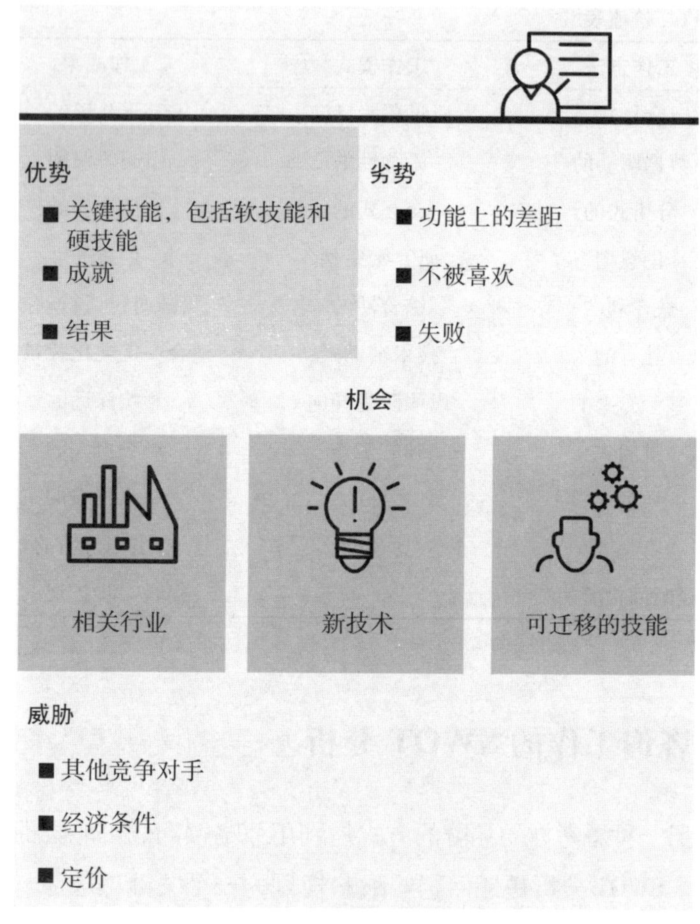

图 4－1　个人品牌的 SWOT 分析

方面的专家，但没有多少投资关系领域的经验。你需要在关键问题上对自己诚实，这样才能评判你对某事做得好与不好。我们通常不会像别人看待我们那样认识自己，因此，找一些同事、领导和下属，去了解他们对你的看法，这不失为一种值得一试的方法。

在某种程度上，软技能同样也会在咨询工作中起到一定的作用，这些技能包括领导力、管理风格和沟通技巧等。客户管理、团队建设以及其他软技能会在你的管理工作中扮演关键角色。同样地，市场性在独立咨询市场中也发挥重要的作用。

你也要认识到自己在背景资历上的缺陷。如果你仅仅在一家公司工作过 10 年（这意味着你很少接触到不同类型的工作方式），或者你从来没有管理过比小团队更大的团队，请将这些列入你的劣势。以一名在初创企业中寻找临时首席财务官工作的首席财务官为例，他需要明白自己在上市前工作经验上的缺乏可能是这一方面的劣势。

你的劣势并不仅仅在于你缺乏经验的领域，也包括你不喜欢做的事情。你可以把喜欢的事情做到最好，这是人性的真理。因此，请留意那些你不想做的事情。如果你已经做了足够多的 Excel 建模工作，那么也请注意这一点。你的劣势并不在于你不擅长建模，而在于这是一件你选择不再从事的工作。

如果你曾经遇到过重大的商业失败，那么它可能是你的劣势，也有可能成为你的优势。一名从来没有让团队业绩提高过的销售经理或许是一名好的销售人员，但绝不是一名伟大的经理。此外，一个发布过失败产品的产品经理却很有可能在失败中学到大量关于发布消费级产品时不该做的事情的知识。再者，如果你对自己的局限性表现得越诚恳，那么你的 SWOT 分析结果就会越真实。

机会代表了那些可能会在新市场或新行业里发展的可迁移技

能。如果你早早地进入了一个特定的技术领域，那么你将这些知识带入其他还没有采用该项新技术的行业的能力就成为一种强大的资本。以数字化营销为例，这项技能在当下得到了广泛的重视，特别是来自那些曾经缓慢地接纳社交媒体的老牌企业的重视。

此外，获得来自过去的经理、同事和下属的反馈是执行SWOT分析时需要考虑的另一件事。360度无死角的反馈是组织中评估业绩的优良工具。这同样可以为你的分析提供信息。在青年总统组织（the Young President's Organization，简称YPO）工作的那些年里，我们曾定期进行这种类型的个人评估。其中的关键在于设定可以引发评价的一小套问题。优步前首席执行官特拉维斯·卡兰尼克（Travis Kalanick）采用了一个名为T3B3的简单且严密的反馈系统。该系统代表了最重要的三种技能以及最不重要的三种技能[2]，这个方法非常容易改编。请让你的伙伴知道你并不是在寻求赞许，而是想找出你带来的“秘密武器”式的技能。其结果可能会让你大吃一惊。

定位你的工作

一旦完成了这项工作，你就已经做好了开创和定位你的品牌的准备。首先，你可以定义自己要向目标市场传达的价值主张。什么将是你的利基所在？你又将如何把自己和其他服务提供者区分开来？客户又为什么要从你这里购买服务呢？价值主张好比一块基石，因此，在定义它的时候，你务必深谋远虑、仔细谨慎。它可能会成为你在推特或领英网站上使用的口号。如果它并没有发挥这样的功能，那么你所定义的可能并非一个恰当的价值主张。

最近，我听到斯坦福研究院（Stanford Research Institute，简称 SRI）前任首席执行官柯特·卡尔森（Curt Carlson）在谈论有关价值主张的话题。他认为，大多数公司都没有定义好价值主张的要素。他为公司提供了四个全面的方法，这同时也适用于自由专业人士。他将构建价值主张的方法缩写成 NABC[3]，分别表示以下内容。

- N：要被解决的需求（need）。
- A：解决需求的方式（approach）。
- B：成功满足该需求后的净收益（benefit）。
- C：在满足市场需求时产生的竞争（competition）。

对照这些要点思考你的工作可以帮助你优化价值主张，同时帮助你确定自己在市场中的位置。

品牌定位有助于发展思想领导力利基，但这在服务业中却常常被忽视。在 M Squared 运作的最初几年里，我们的一名品牌顾问和我们一起开发了全新的薪资服务：Collabrus。这促使我们完成了一项伟大的锻炼，在其中我们不得不创建非常清晰的陈述。有趣的是，这正好满足了卡尔森提出的 NABC 要素。

根据图 4 -2，我们的描述如下：

对于那些利用自主人才、关注独立承包人合规性的公司来说，Collabrus 是一种风险解决方案，它能够减少因员工归类失误而带来的风险和处罚。与其他薪资管理公司不同的是，它专门针对独立承包人咨询师，提供了一系列根据他们的需求量身定制的服务。

对于那些____________（1）
的____________（2）
而言，我的品牌/公司是一个____________（3）
的____________（4）。
我的品牌不同于其他____________（5）
产品，这是因为____________（6）

可以按以下提示填写上述空格：
（1）目标客户；
（2）客户的认知；
（3）概述性的描述；
（4）关键优势；
（5）竞争产品；
（6）理由或价值主张。

图 4－2　品牌定位的描述

而一名营销顾问则会这么写：

对于那些需要启动数字营销工作但又不确定该如何开展

的公司来说，数字低语者（The Digital Whisperer）是一家提供全方位数字营销服务的公司，它能够设计提供指标和产出的数字营销方案。与其他社交媒体咨询公司不同的是，数字低语者会根据你的特定品牌调整数字化营销的费用。

这个例子的关键是我们要在图4－2的空白（5）处填写的竞争者产品。在这个例子中，竞争者可能是一个内部部门或一家广告机构。实际上，某项服务可能会有多个竞争对手，因此，完成这一练习的方式之一就是用一个陈述来涵盖每一类竞争者。这是一种很好的练习，因为这会让你明确核心产品，找到目标客户，识别竞争对手，同时在市场上脱颖而出。

还有一个很好的步骤是，在明确品牌理想任务的同时，考虑那些你不愿意承接的任务。自雇工作的一大优势就是你可以挑选工作环境、行业和工作地点。例如，如果你从来都不想为烟草公司工作，那么请坚持这一点。如果出于家庭原因，你想控制自己出差的频率，那么请确定邀请你的品牌已经明确了解了你的差旅安排。

我们曾经为一家大型非营利医疗机构派出了临时财务主管。这位工作了三个月的顾问爱上了该机构充满激情的使命，同样，该医疗机构也为她的贡献而感动。最终，客户要求为她提供“永久的”财务主管职位。我们的这位顾问对此思忖良久。她的确深爱着这份短期工作，但由于该医疗机构与天主教会有关，而我们的顾问并不认同教会在同性恋问题上的观点，对她来说短期工作就足够了，长期职位与她的核心价值观并不一致，也与她的个人品牌形象不符。

扩展你的品牌概念的另一种方式是构思一个故事。在品牌书籍《让人喜欢上你：如何提升你的个人和专业品牌、开拓机遇、发展你的业务、实现财务成功》（*Getting to Like: How to Boost Your Personal and Professional Brand to Expand Opportunities, Grow Your Business and Achieve Financial Success*）中，作者杰里米·戈德曼（Jeremy Goldman）和阿里·扎戈特（Ali Zagot）称颂了品牌故事的优点。他们建议围绕有助于记忆的“RAPTURE”口诀来创造故事。[4]

- 有重点（relevant）：你的品牌故事应该具有关键的核心要素。
- 真实性（authentic）：你的故事必须是真实感人的。
- 有说服力（persuasive）：它必须能够说服人们更多地了解你们。
- 时效性（timely）：它必须与时俱进，和当今的世界及其问题有关。
- 可理解的（understandable）：它必须便于理解。
- 可代入的（relatable）：人们必须能够想象自己站在你们的立场上会怎样，理解为什么你们讲的这些很重要。
- 能够传达信息（educational）：它应该成为你的电梯间推销文案，告诉观众你到底是谁。

作者继续指出，这种记忆口诀对于改变职业道路或开展新工作的人而言尤其有用。你是怎样开始这件事的？为什么你才是处理特定类型问题的合适人选？为什么客户会认为你比其他选择更好？有关这些问题的故事是你成功的关键。

需要明确的是，我认为上述这些并不是应该被你放在网站上的内容，它们是可以帮助你理清信息的一种很好的组织结构。或许它们最重要的成果在于聚焦那些可以培养真正的专业技能的领域。你会希望自己成为所在领域的意见领袖，因为这样会帮助你赢得客户的尊重。

从价值主张开始，你可以为品牌设定形象。品牌形象是你传达给目标客户的形象和感受。它从你的业务名称开始，并延伸为标志、口号、网站和其他任何营销素材。这是你为自己的服务所打造的包装。

以公司会议空间的活动策划师为例，他们的形象可能与策划非营利宴会的策划师完全不同。前者要着力表现企业在形式、技术能力以及专业性上的价值，而后者的职责在于唤起社会责任感、创意的执行以及成本意识。

品牌形象为你的业务创造了优势，因为它能强化你所要表达的信息。在前一个例子中，一家名为公司会议集团（Corporate Meetings Group）的公司已经将自己定位于服务首席财务官一类的客户。因此，它的品牌形象将是正式的，且多使用饱满而奢华的优雅色彩。而名为乐趣来（Fun Comes）的活动公司则会使用异想天开的图像和狂野的色彩来表现其充满创意的活动。

有意于为自己的品牌打造全新形象的咨询师们可以看看网站99Designs. com。这是一个拥有超过130万名独立设计师的众包设计平台。你只要提供企业信息，指明你想要的成果（比如一个标志、一个品牌形象包、一份网页设计等），该网站便会在平台上发起竞标活动，让设计师们通过竞争赢得你的业务。他们会提供创意，而你只需选择自己喜欢的。

在数字世界里传播你的品牌

曾经，你的简历以及小册子是你用来进行品牌传播的主要手段。现在，数字世界里出现了更多额外的选择。在不考虑营销渠道的情况下，有以下一些适用规则。

- 不要说谎。凯业必达（Career Builder）的一项调查表明，在全职雇员候选人中，有58%的人曾在简历中说谎。[5]咨询师或许更加诚实。你必须保持简历的准确性和透明度。
- 同样不要夸大自己的职责。在相同的调查中，54%的候选人美化了对他们不利的背景信息。[6]
- 突出你的成就，而不是头衔。客户购买的是专业经验、洞察力以及项目会正确实施的慰藉。请强调关于你背景的这些方面。此外，对不同企业而言，头衔的意义不尽相同。苹果公司（Apple）的公关专员岗可能与扬罗毕凯（Young and Rubicam）这种专业服务公司中的相同职位存在很大的不同。

- 请不要提及与专业技能无关的早期职业经历。如果你想将这些内容补充完整，那么你可以写“在转行到技术领域前，曾经在房地产行业工作了五年”。
- 突出你的思想领导力。如果你尚且没有这种显示你的思想领导力的内容，那么请从社交媒体开始发展。
- 保证每句话都是完美的。简历中不应出现拼写错误，请正确使用标点符号，保证语法的完美以及形式上的统一。

既然现在有了这些基本原则，我们就来讨论一下你的整体品牌传播策略吧。在当今世界，不论专业为何，任何咨询师都需要一份靠谱的简历以及和领英档案类似的动态资料。我会在下一节提供一些优化你的领英档案的小窍门。

对数字营销等一些特定的专业而言，个人网站是一种虚拟的必备品，因为这是你品牌的延伸。通过考察你的网站设计、导航栏、搜索引擎优化（SEO）方案、RSS 订阅源以及你会部署的其他链接，人们就能了解你在这一领域的专业经验。这样的网站展示不了专攻破产业务的财务专家的技能。尽管如此，破产专家可能依然希望为报刊、博客或领英网站撰写有关思想领导力的文章，以展示他们对高度复杂问题的见解。

传播或新闻业的专家或许想要一个常规的博客，作为网页的一部分或独立博客。你的网站应该被链接到汤博乐（Tumblr）等内容聚合网站上，从而提高网站的访问量。博客是你品牌的延伸，因为它展示了你的写作技巧。

同样，对于那些希望展示自己在某一话题上的思想领导力的人士而言，博客和/或定期的内容发布同样也是很好的手段。我会在自己的网站（marionmcgovern. com）上撰写有关零工经济的博客文章，并将链接发布在领英、Tumblr 和推特上，有时也会在网站问与答（Quora）上发布。我还会手动地将这些内容转到某些不支持自动外链的数字平台上，如领袖榜（ExecRank），该网站没有设置外部链接的接口。这些步骤增加了制作分享内容的成本，但扩展了这些信息的传播范围。

演讲可以带来极大的品牌提升效应，因为这些活动带来了可以拓展至数字世界的现场观众。在考虑做演讲型零工工作时，无论你是在 TED 还是在扶轮社（Rotary Club）进行演讲，请确认它们会用视频记录你的演讲，因为这些内容可以被发布到你的个人网站或社交媒体平台上。同样，你要为观众提供一个专门的话题标签，鼓励他们在现场发布有关演讲内容的推特，从而帮助你打造自己的新媒体品牌。

推特同样能够提升你的品牌形象。强调你所在专业领域的推文自然是好的，但大多数用户发布的推文都是有关企业、体育、事件以及随机观察的。因此，推特可以表现出某些人的真实一面。她或许是一名优秀的网络分析师，但据她的推特显示，她同时也是巨人（Giants）橄榄球队的球迷。这很有意思吧。

另外一些社交媒体的使用则取决于你所在的专业领域。品趣志（Pinterest）或许对餐饮、艺术或服装行业的人很重要，You-Tube 频道则是用来区分那些拥有大量视频内容的培训师或主讲人的平台，而 Instagram 等照片网站对摄影、艺术或设计等图像密集型行业来说很有价值。

脸书网站则是百搭的。包括我在内的一些人将其当作私人平台而非业务平台。在这里，我不会加我的同事为“好友”，除非他们已经是我的脸书好友。同样，我会在领英上链接我的学生，但我不会在脸书上加他们为好友。尽管如此，我有一位在货运行业工作的工商管理硕士学生，他严格地将脸书用于西北部大量建筑客户的客户关系管理。这些人不用领英，但他们都上脸书。如果你选择使用脸书，那么你或许要考虑为你的工作设置一个商务页面，从而和你的个人页面区分开来。

此外，和 B2B（企业对企业的商务模式）相比，B2C（企业对客户的商务模式）领域的咨询师更有可能需要为自己的工作开辟脸书商务页面。例如，婚礼策划师需要用脸书跟踪商业活动策划师之外的更多人。

需要注意的是，所有这些渠道，无论是网站还是社交媒体，都需要你花费额外的时间去维护。如果你不定期更新，那么博客会失去价值。领英和推特需要一些策划，才能实现一定的品牌影响力。电影《梦幻成真》（*Field of Dreams*）中有一句绝妙的台词：“只要敢做梦，梦就会成真。”但在数字世界里并非如此。最后，你还会有一些开销用于博客和网站的网站开发、维护与主机租赁。

在定义品牌传播策略时，你需要考虑的基本问题包括以下几点。

- 哪些渠道或平台可以向潜在的客户展示我的技能？

- 我的潜在客户最有可能在哪里看到我的社交媒体行为？
- 在所有这些对我的品牌有价值的平台和选项上，我可以承担什么水准的推广活动呢？

数字品牌足迹的提示

考虑了上述问题之后，这里还有一些有关你在领英和推特这两个重要网站上的数字品牌足迹的思考。

领英

领英账号是当下任何咨询师都必须拥有的。超过 1.5 亿人利用这个平台进行社交，建立职业联系，因此，入驻领英平台是很重要的。它不仅是客户评估你的技能的首选之地，同时也是通向若干数字化平台的通道，你可以通过授权那些网站访问你的领英档案而加入它们。这种情况意味着你的个人档案将出现在多个数字平台上，因此，你更有理由完善你的档案了。这里有几个让你的领英档案看上去不错的小窍门。

1. **发张照片**。当我看到某些人只有一张默认的蓝色头像时，我会立即认为他们并不是活跃的领英用户。因为他们对建立关系网并不真正感兴趣。很明显我不是唯一一个有这种偏见的人。要想让别人认真对待你，请先提供一张照片。
2. **使用正确的照片**。你提供的照片必须是一张恰当的照片。领英是一个商务网站，因此，你应该用一张看上去专业的近照。那种一看就是从合影里剪切下来的模糊的大头照是不行的。同样，玩风帆或是小酌美酒的休闲照只有在你是专业运动员或是饮食行业人士时才有效果。

3. **准确地完善你的档案。**千万不要说谎或夸大其词。这么做是会被发现的。同时，请将档案补充完整。如果你在一家不够知名的公司工作过，请对其做一些描述（例如，“史密斯和琼斯公司是皮奥瑞亚最大的数字广告公司”）。不要指望档案的访问者会为了了解这家公司而访问它的网站。此外，你也一定不希望访问者快速离开你的页面。
4. **明智地使用头衔栏。**每个用户的名字下面都有他们的头衔栏。很多人甚至没有利用页面中的这一宝地。你有 120 个字符的空间来发挥，因此请好好利用它。请把它当作一种宣传你的品牌的绝妙方式。例如，“约翰 · 史密斯（John Smith），发展期科技企业供应链管理专家”就比“约翰 · 史密斯，史密斯咨询公司发起人”要好得多。
5. **只加有实际接触的联系人。**在理想情况下，你应该只加那些你认识的人。这就是说，如果你的前同事约翰可以帮你联系到某个你想结交的人，请不要只发送默认的邀请消息。请提供一些背景信息，这样这个人就知道原来是约翰想推荐你们认识。有些人添加联系人只是为了收集一些名字。除非你是猎头，否则你不应当这么做。
6. **在档案中添加项目板块。**一旦你开始从事零工工作，你就可以将这些工作放在你的档案里了。如果这些项目有 URL

（统一资源定位）地址，你甚至可以用 HTML（超文本标记语言）来链接它。你还可以添加和你一起在这个项目中工作过的人员的领英缩略图。

7. **加入群组。**领英表示，只有不到 16% 的用户加入了数量达到上限（即 50 个）的群组。在群组里做一名活跃的参与者更有可能让你的档案得到关注。大多数咨询师可能会加入几个和专业领域相关的群组。此外，领英里还有一些校友群组。如果你是小组成员，那么你就不必再通过你的联系人去给其他人发信息了。如此一来，你加入的群组越多，领英的资源网络就变得越容易获得。

8. **在领英写博客。**领英最近发布了博客平台。领英希望大多数没有博客或网站的专业人员选择这个平台。和其他博客一样，请确保内容是丰富的，标题是简短的，同时应注意你发布的频率。此外，一定要宣扬你的思想领导力。请记住，即便你在另外一个平台上写博客文章——例如，我在 marionmcgovern. com 上写博客文章——你发布的博客文章在推送到领英时会出现在你的状态更新中，而不是出现在领英的博客页面中。我偶尔会断开博客（WordPress）和领英的链接，然后将我所有的博客文章重新直接发布到领英上。是的，这增加了工作量，但这会让你的文章更容易被领英社群看到。

9. **请认识到领英技能背书是没有意义的。**这在我们很多人身上都发生过：有些你根本不认识的人或是你从未与之合作

> 过的人为你在领英上列出的技能进行了背书。尽管这种背书或许能支持你的合建者的某个技能，但这并非建立在了解的基础上。人们好像在随意兜售自己的背书，或许是因为他们希望你也能回报他们，支持他们的某一技能。我发现，这种做法拉低了整个活动的水准。这并不能让人们对你的专长建立信任，相反，这更像是脸书的“点赞”。如果你的技能背书非常多，这也不算坏事，但是千万别因为背书太少而苦恼。

领英高级市场总监凯瑟琳·费希尔曾经强调过，定期在平台上进行互动是非常重要的。[7]在她看来，人们最大的错误是没有和领英社群建立日常的联系。领英就是一个关系网，他们希望用户使用该平台培养这些关系。

推特

推特是时间有限人士的附加品牌。在你可以用 140 个字符表达一些有意义的内容时，你为何还要写上一大篇博客文章呢？推特是飞速发展的社交媒体的代表之一[8]，因此，如果你还没发过推特，那么你可能也很想立即加入，因为在推特上你可以分享自己的观点。你可以和你的粉丝（或许还有潜在的客户）分享你对所在行业的问题和发展的看法。这是一个可以为你积累信誉的渠道，因此，它值得你为引起反响而努力。以下是一些小窍门。

1. 学习发推特。如果你是一个新手，请弄明白如何发推特。

从 Lynda. com 到维基网站（wiki sites），许多网站都可以帮助你。甚至还有一本名为《傻瓜推特》（*Twitter for Dummies*）的书。因此，无论哪种学习模式对你来说是最好的，你都可以先学习起来。一旦开始，你首先要做的是完善个人档案。

2. **打造你的咨询渠道。**为了打造你的咨询师品牌，你需要将那些推特世界中的内容分离出来，找到与你的工作、客户和品牌有关的信息。因此，你应该创建一个列表，汇总所有这些重要的推特博主、行业专家和工作领域。我为本书创建了一个有关数字平台公司、自由职业者网站、独立承包人网站等内容的清单。每天我都会看看和我这本书有关的世界里都发生了什么。我还有其他的列表，其中包括一个用于我的非营利人道组织的列表，该组织向发展中国家提供整形外科手术。和你猜测的一样，这些列表之间并无重叠。（这似乎意味着我会有很多来自整形手术行业的粉丝，他们想了解我对优步雇佣官司的痴迷。）创建对你的品牌起到重要作用的列表，这样你可以锁定你想要的内容。不过你也可以创建一些帮助你紧跟潮流的列表。我有一个新闻列表，它为我提供了从 CNN（美国有线电视新闻网）到《卫报》（*The Guardian*）的全部新闻来源。如果下飞机时我的手机已经关闭了一阵子，我会立刻查看头条新闻。同样，我还有一个体育列表，这样即便我自己不想知道，我也总是能够及时获得旧金山巨人队的动态。

3. **只分享有价值的内容。**我分享那些我会因此出名的信息，即我的思想领导力。此外，我也会在一系列主题中分享我认为有趣、有挑战性并且写得比较好的话题。如果你只分享最有趣的内容，那么你就会成为粉丝的内容来源。
4. **每天新关注两个用户。**你会需要使用推特来获得你想要的任何结果。其中一种方式是每天寻找两个可以关注的新人。你可以一直在推特“关注谁”的推荐栏里选择一个人，但请别忘记你应该关注有趣的人。如上所述，在业务列表之外，我还有一个趣味列表，其中我关注了布鲁斯·斯普林斯汀（Bruce Springsteen）*，伊恩·波尔特（Ian Poulter）** 和卡尔雾（KarltheFog）——著名的旧金山雾的数字化身。
5. **回复任何信息。**如果有人给你发了推特，或是转发了你的推特，又或是给你的推特点了赞，请感谢他们，或者保持这个对话。实际上，为转发你的推特的推文点赞是很好的行为。请充分利用粉丝的这种行为，因为这会让更多人加入对话中来。
6. **回应任何关注你的人。**这是一种很好的行为。当然你也得留些余地。出于某种原因，悉尼的一位 S&M（性虐待）专家关注了我，而我并没有回应她的关注。

---

* 美国摇滚歌手。——译者注

** 美国高尔夫球选手。——译者注

7. **每天至少发现和转发两条热门话题。**推特的“发现”按钮是找到目标推文的好工具。它同样也能帮你找到值得关注的，可以从中获得更多原创性内容的资源。
8. **每天至少分两次发布两条原创推文。**这对很多人来说是最困难的，然而做得越多，你就越能适应在这样的平台上发布你的观点。发布的原创推文越多，你就会获得越多的关注，同时你与这个平台的联系也更加紧密。你可以使用现成的话题标签或者创建自己的标签。请记住，话题标签可以帮别人找到你。

正如这一节所言，运营你的数字品牌并非一件毫不费力的事情。而这些工作将为你所打造的品牌带来相当大的价值。

数字品牌管理

最后，你或许还希望能充分监控自己的数字品牌。对于那些曾经发布过负面信息或在网上有令人尴尬的历史的人来说，这样做是必须的。而这对大多数人来说也很有意义。

有一些公司可以将你的数字信誉作为一种成本来管理，如信誉网（Reputation. com）、信誉 911（Reputation 911）和加度克公司（Gadook）等。许多公司更专注于为公司和它们的品牌提供信誉管理服务，因此，如果你打算采用这种服务，请先和一些个人评估一下该公司的整体专业水平。

我是 BrandYourself. com 的用户，这是一个为个人提供负担得起的数字品牌管理服务的 DIY 式网站。你可以获得一个免费账号，或者以很低的价格购买增值服务。它会扫描网络，识别出有关某个特定人物的信息。有些人的名字很常见，如玛丽·史密斯（Mary Smith），而这会带来许多引用内容，让筛选的过程变得困难。我曾经惊讶地发现，在宾夕法尼亚州有一名叫作玛丽安·麦戈文（Marian McGovern）的前任州警长，还有一位已经去世的玛丽昂·麦戈文（Marion McGovern）（这个名字的拼写有些不同，尽管如此这也是一个可能造成混淆的信息来源）。我在网站上指出了我发现的那些引用中哪些条目是我，哪些不是。

潜在的客户和雇主不仅会搜索你的经历，同时也想找到任何有关你的“警示小红旗”。任何有关你可能不太好合作的迹象，比如一条嘲讽推文，都可能在一切还没开始前就终结了这段接触。正是由于这个原因，很多这样的自由职业者都明白他们需要保护自己的数字信誉。

如果你有任何负面的内容，无论是推文、评论还是图片，这个网站都会引导你开展“降噪”操作。你可以发布更多、更新、更积极且更容易被谷歌搜索定位的内容，从而有效抑制负面信息。我会定期为自己的数字品牌进行这样的检索。

关于数字世界的最后几句话

维护你的数字品牌需要一定的工作量，并且可能会导致你花费大量的时间坐在电脑前打造你的形象。千万别掉入这样的陷阱，认为只要提供数字化服务，你就能推动工作的发展。你或许能做到这一点，但请记住，人们只会从货真价实的专家那里购买服务。实际上，单飞计划——一项研究自由工作者或个体户生活状态的计划——在它的《单飞城市报告》（Solo City Report）中发布了一项有关社交媒体的重要发现："社交媒体是没用的。"[9]这里指的是社交媒体作为业务来源而非品牌工具的价值，他们引用的数据显示，只有4%的受访者认为这是有价值的业务来源。因此请记住，社交媒体有助于品牌推广，而非销售。你需要走出这一领域，参加会议，与人们会面，并且建立定期的个人联系。

咨询是一个行业。教育、法律、医疗等许多行业的从业者都需要通过再教育来保持自己的认证资质。你可以通过自我继续教育来建设自己的品牌。在线课程或许是一种看似简单的方式，但请花些时间与人建立面对面的沟通，这样你才能够提高自己的专业水准。

本章要点

- 你的品牌建立在你的核心价值之上。
- 能够优化你的咨询品牌的技术包括价值提炼、SWOT分析、品牌定位描述等。
- 任何与你品牌有关的文字都应该是完美的，没有拼写和语法错误。
- 你的任何背景信息都应该是准确和未经修饰的。

- 社交媒体渠道可以帮助你打造个人品牌，你应该根据自己的专业来选择合适的平台。
- 大多数咨询师应当利用领英和推特作为品牌建设的站点。
- 请注意，社交媒体上的品牌建设会花费大量的固定时间和精力。
- 你或许希望投资一种数字品牌信誉工具，从而更好地管理你的在线品牌。
- 社交媒体上的数字品牌建设并不是一种直接带来销售的方式，而是一种促进销售的方法。

注释

1. Marion McGovern and Dennis Russell. *A New Brand of Expertise: How Independent Consultants, Free Agents and Interim Managers Are Transforming the World of Work.* (Woburn, Mass.: Butterworth Heinemann, 2001), Chapter 5.

2. "From Zero to Seventy (Billion)," *The Economist*, September 3, 2016, p. 19.

3. 发布于首席执行官联盟大会的演讲，作者于 2016 年 11 月 11 日参与了此次大会。

4. Jeremy Goldman and Ali B. Zagat, *Getting to Like: How to Boost Your Personal and Professional Brand to Expand Your Opportunities, Grow Your Business and Achieve Financial Success* (Wayne, N. J.: Career Press, 2016), location 384 of 3738.

5. "Fifty-Eight Percent of Employers Have Caught a Lie on a Resume, According to a New CareerBuilder Survey," Careerbuilder. com website, *www. careerbuilder. com/share/aboutus/pressreleasesdetail. aspx? sd=8%2F7%2F2014&id=pr837&ed=12%2F31%2F2014.*

6. Ibid.

7. 作者对凯瑟琳·费希尔的访谈。

8. Growing Social Media website, *http://growingsocialmedia. com/fastest-growing-social-media-networks.*

9. "Solo City 2016 Report," The Knight Foundation and The Solo Project, 2016, p. 44.

第五章

正确定价

THRIVING IN THE GIG ECONOMY

“让我赚大钱。”

——罗德·蒂德韦尔（Rod Tidwell）

电影《甜心先生》（*Jerry Maguire*）

现在你已经定义了自己的价值主张，建立了品牌并且为它打造了自己的故事，此外你也开始策划品牌的数字推广，那么是时候推销你的创意和你自己了。10 年前，你面对的道路可能更加宽广。你或许已经自主创业，就像俗话说的那样，开创了自己的买卖和关系网络。而在今天的社交媒体时代，一切变化得更加迅速。这意味着你依然需要通过多条路径才能取得成功。

当然，先说重要的事情。让我们谈谈钱吧。

收费结构

设定费用的方式有很多，可以分为四个大类：按小时收费、按项目收费、成交费以及股权。第一类是最常见的，公司通常会以小时为单位向专业服务提供者付费，如律师和会计师等，因此以同样的方式向咨询师付费是符合逻辑的。这就是说，理解小时费率的法律含义很重要，因为鉴于所做工作的性质不同，在费用和工作时间上的违规行为可能会引起法律问题。此外，一些监管机构认为按小时收费是有问题的，它们指出个人应被视为员工而不是承包人。（我们将在第七章讨论这个话题。）

有很多资源可以帮助你创建按日收费的公式，你需要考虑赚钱的时间、因假期或业务开发而无法被计入收费时段的时间、从营销成本到会计费的所有开销，以及你的目标税前收入。ConsultingSuccess. com 网站提供了在线计算工具。然而这些结果必须根据客户愿为你的服务所付出的进行调整。

每日津贴是按小时收费模式的按日拓展形式。特别对一些关注每日工作时间的客户来说，他们更偏好这种方式。对于研讨会主持人和战略顾问来说，这也是一种很受欢迎的方式。由于战略规划会议或培训课程通常只会持续几天，如果以每天 2 000 美元的标准收费，则会是一种更有效的定价方式。

同样，在预付定金的基础上按月收费是按小时收费的一种自然延展，它适用于每月所需时间不确定或时常变化的情况。这种预付定金是一种典型的低于全职工作的形式。例如，一家雇用了签署合同的兼职首席财务官的小型公司可能更适合这种预付定金的形式。预付定金在公共关系领域里尤为常见。但其面临的一个主要问题在于，客户或许会向你提出更多的要求，超出了你在规定时间内所能完成的工作。为了保证公平的收费标准，我们需要设定预付定金的收费结构，最好的方式是在给定时间段内定义一个“不可逾越”的工作时间标准。超出这个标准的额外工作时间将在双方共同协定之下按小时计费。

按项目收费是战略和技术领域里的常规方式。选择这种方式的咨询师们必须能够预估自己的成本，尤其是达成指定目标所需的时间。如果你采用了这种方式，你必须从一开始就非常明确自己可交付的成果。对于很多按项目收费的咨询师来说，最致命的莫过于"范围延伸"，即客户不断地提出原有项目定义之外的工作任务的情况。应由咨询师确定是否推迟这项不包含在合同内的工作，或是将其作为独立的合同内容重新谈判。

思科等很多大型公司从另外一个角度认识到了这个问题。它们发现自己通常无法得到合同里所说的结果，因此，它们运用项目管理方法开发了一套复杂的"工作说明书"（Statements of Work，简称SOW）报表，其中包含了可交付成果的详细定义。

工作说明书是大多数项目管理工作的一种标准，在公司合同里它明确了项目各部分的交付成果。工作说明书概述了工作的细节。在近期的"测量零工经济：临时工作的新范式"（Measuring the Gig Economy：Inside the New Paradigm of Contingent Work）研究中，人力资源行业分析公司将以工作说明书为基础的项目视为独立工作的一个分支，并指出越来越多的人开始采纳这种方式。一份完备的工作说明书应包括以下几部分内容：

- 项目描述或工作范围；
- 交付成果，以及每项交付成果的详细描述和截止时间；
- 日程进度表和任何可以预见的调度问题（如节假日，访问特定人士、报告或资源的情况）；
- 执行工作的地点；
- 中期和最终交付成果报告；
- 费用，包括可列支费用。

付费工作通常是在里程碑事件基础上完成的。许多工作说明书式项目的周期很长，因此以交付成果为基础的付费方式通常都会以月度常规支付方式作为补充。大多数以工作说明书方式运作的公司都设置了缜密的项目跟踪系统。通常，工作成果的交付会触发支付费用的操作。在这种环境下，工作的咨询师需要理解这些系统的复杂性，确保提供准确的报告，成功参与工作。

成交费通常适用于金融业或企业并购中的零工工作。公司按咨询师在融资或买家拓展等工作上的成效支付费用。在成交费中，金融咨询师会得到销售额或融资的提成。更多严谨的公司会使用反向雷曼结构（reverse Lehman structure），在这种结构下，筹集的资金越多，提成比例越高。

成交费在运营改进项目中也有应用，这里它的费用由工作产生的结余所决定。这种情况下的难点在于，如何明确哪些结余来自该项工作。因此，在付费前应该明确如何通过计算确定该项有偿结余。

最后，股权可以算是初创企业界的王牌手段了。如果你选择了这种方式，请记住它的风险是最大的，因为公司的估价可能永远不会变现。尽管不会变现，但它在授予他人时是有价值的。因此，你从某个初创企业股份里获得的 5 000 美元同样是需要上报为应税收入的。鉴于此，最好将认股权证或股票和现金报酬结合起来，这样至少能够弥补一部分税务负担。我在 M Squared 时，首席财务官需要核准任何代替费用的股权转让请求，因为这本质上是一种信贷决策；他会在交易之前评估该公司的财务稳定性。在考虑接受股权之前，请务必咨询你的税务顾问或是会计师。

定价

一旦你了解了工作收费的结构，接下来就想想该收多少费用吧。许多咨询师都没有明白的一件事情是，这项工作——而非你的专业知识、收费标准或学历背景——决定了定价。个人能够也应该设计一系列收费标准。一个介入破产危机处理的临时首席财务官的收费应该高于他参与子公司财务计划开发工作的收费。同样，你从推荐人那里得到的工作应保证较低的收费，因为你并没有花太多努力就得到了这个工作。尽管如此，最重要的还是市场定价。

咨询工作市场定价的概念总是会让一些读者感到不满。咨询师并非商品，他们和传统的办公室临时工不一样，怎么能给他们制定市场定价呢？数字平台的到来很有可能开创一个没有不满的市场，在此之中会形成真正的市场价格。

然而现在，最好的类比就是住房。任何买卖过房子的人都明白“比较个案”的含义。没有两栋房子是完全相同的，因此房地产经纪人使用比较个案的价格来设定房产报价。一栋用来参考比较的房产或许配置了泳池，但另一栋则可能有树屋——这些特征在计算中的价值会有所不同。咨询工作也是如此。没有两个项目是完全相同的，完成它们的技术也不一样。工作甚至会因咨询师的谱系背景而有所不同，来自芝加哥大学的工商管理硕士和来自斯坦福或耶鲁大学项目的咨询师相比，他们强调的重点各不一样。

当然，一个值得参考的重要类比是雇用一名正式员工来完成该项工作时的价格。另一个合适的替代参考是雇用麦肯锡等知名咨询公司或 Bridgespan 这样的专业咨询公司的费用。

因此，你在设定自己的定价范围时，请考虑所有这些可比定价的因素。以下是你在定价时需要考虑的另一些问题。

- **风险和回报是直接相关的。**不论风险是来自项目的范围还是宏大的目标，只要项目的风险越大，那么支付的费用就越多。大逆转就是一个很好的例子。失败的可能性越大，可能获得的收益也就越大。同样，如果一个项目对你来说风险很低，因为这种类似的事情你已经做过无数遍了，那么收取较低的费用也是很自然的。
- **资本的形成是一种长期投资。**如果一项工作能够通过扩展你的技能基础帮助你构建智力资本的话，你应该以少于期望值的价格接受这项工作。因为从长远角度来看，你将变得更有市场竞争力，并且可能提出更高的报价。因此，你可以将其视作对工作的一种投资。此外，有些人在这一方面做得很极端，他们免费完成了某些拓展经验的项目。除非你在为非营利机构无偿服务，否则我并不推荐这种行为。较低的收费是合理的，但零收费则会贬低工作的价值。相反，如果客户想从你这里获得有关某个行业、公司或者技术的知识，并且计划获得或利用你在这项工作中带来的知识产权，那么你应该收取更高的费用。你应从你的投资中获得更多的回报。

- **有时你需要风险补偿。**风险补偿在某些高危任务中是很常见的，例如在危险国家的美国大使馆里的保安工作。然而咨询工作有时也是高危的。我们曾处理过一家医院系统的法务财会项目，该系统之前一直在使用过期的税务报表完成旗下25所医院的年终工资表。因此，该系统的25名首席执行官都获得了不正当收入。这并不光彩。这项零工工作需要收取额外费用，因为它不仅冗长乏味，还充满了矛盾，并且有很大的风险。
- **优步和租车的收费是不一样的。**丹尼斯·拉塞尔（Denis Russel）是我的第一本书《新时代专业人士》的联合作者。他比较了出租车和租车之间的区别，完美地类比了咨询师的定价策略。[1]为了和本书标题保持一致，我将其调整为优步服务和租车之间的类比。类比的前提是人们使用优步打车和租车服务的目的是不一样的。优步打车的每公里收费比租车高，这是因为它是一种提供便利的短时服务，定价中包括了紧迫性带来的溢价。同样，和预留了三个月研究时间的客户相比，对于一个希望明天就交付的客户则应该使用不同的定价算法。
- **借助1%原则。**在我的第一本书里我还提到了一条经验法则。[2]个人的每日费用应该是他等效年收入的1%。一名市场营销咨询师如果认为自己的专业知识价值年收入20万美元，那么他应该将服务收费设为每日2 000美元，或每小时250美元。每年应得8万美元的更初级的人员则应收取每天800美元或每小时100美元的费用。尽管如此，请记住是你的工作而非你的学历背景决定了你的定价。

- **主要客户应得到优待。**在房地产行业中，他们将商城里的重要零售商视为主要租户。他们不仅能够带来客源，同时也支付了大部分租金。主要客户是那些为你支付租金的人，也就是说，他们可以不断地给你带来业务。每年都可以从同一个客户那里得到项目是一件好事。有些咨询师希望几年后可以提升收费标准。除非成本上升得特别快，否则请你忍住这种冲动。对于很多人来说，能够在已知工作内容的基础上规划自己一年的工作是一件奢侈的事情，也是一件值得认真处理的事情。
- **政府合约工作不适合没有勇气的人。**联邦政府和州政府是咨询服务最大的消费群体。美国总务管理局（The General Services Administration）每年的支出约为500亿美元，其中大部分用在了小型企业上。然而，以独立身份和政府做生意并非易事。这一点并不奇怪。为了能够赢得政府合同，你首先需要通过邓白氏公司（Dunn & Bradstreet）获得一个专门的9位数D-U-N-S代码。在很多情况下，你还需要一份安全审查记录。同时你可能还需要在授益管理系统（system for award management，简称SAM）上注册。这看上去有些复杂，但确实就是这样。

对于那些政府需求领域的专家来说，与可能需要你的服务的小型咨询公司结盟是可选方式之一。这样的公司可以处理和政府打交道的繁冗流程，而你则不必再做这些事情了。

本章要点

- 收费结构有很多不同的类型。
- 定价标准不仅取决于你的技能和专业知识，还取决于工作的性质。
- 工作说明书式项目正变得越来越普遍，尤其是在科技行业。 这种情况下的定价是以交付成果为基础的。
- 如果要承接政府合约工作，那么你可能需要与另一家公司或就业平台合作。

注释

1. Dennis Russell，*Interim Management*（Oxford，England：Butterworth Heineman，1998），p. 55.

2. McGovern and Russel，*A New Brand of Expertise*，p. 106.

第六章

在新市场推销自己

THRIVING IN THE GIG ECONOMY

“销售90%靠信念，10%靠说服。”

——夏夫·基拉（Shiv Khera）

发布你的工作

在开始从事咨询工作时，一些人会相信电影《梦幻之地》（*Field of Dreams*）里咒语一般的台词："种下梧桐树，凤凰自会来。"然而事实却是，即便最优秀的专家也要持续花费很多精力才能成功出售自己的咨询服务。主要的销售方式有以下三种：

- 个人直接销售；
- 通过中介或专业咨询公司进行工作；
- 在数字化人才平台上工作。

直接销售

有些人天生喜欢销售，但另一些人并非如此。有的人喜欢销售产品，但讨厌推销自己。作为本书研究的一部分，我就如何运作自己的工作调查了一些自由咨询师。不足5%的受访者表示他们喜欢工作中的销售部分。40%的受访者指出他们这么做是不得已而为之。

销售的关键在于对产品的信念。如果你的确相信自己可以为客户带来期望的结果，那么销售自然就会跟进。对于经验丰富的咨询师来说，这是获得业务最常见的方式之一。

和销售产品一样，推销自己的步骤包括线索产生（lead generation）、客户培养（cultivation）、线索资格确认（qualification）以及紧随其后的报价（ask）。线索产生的步骤可以从向业内联系人以及专业协会发送新闻简报开始。客户培养可以通过博客文章或思想领导力白皮书的形式展开。顺便说一下，思想领导力是调查中咨询师们提到的最受欢迎的方法之一。线索资格确认是一个用来判断潜在项目是否不仅真实（比如项目有预算且有一定程度的紧迫性），而且适合你的专业技能的关键步骤。报价则是最重要的一个环节，包括宣布参与竞争、提交竞标或提案。能够在这方面提供帮助的资源非常丰富，例如 ConsultingSuccess. com 等一些网站以及以管理咨询协会（Institute of Management Consulting）为代表的行业协会等。

当面向客户进行直接销售时，你完全掌握了自己的命运，你可以自行选择目标客户以及希望完成的项目类型。因此，你也掌控着为你的工作所定下的品牌承诺。

同样，在与客户合作的过程中，你们会就定价、合同条款和时间框架进行协商。而这样做的前提是你有一套完整的机制来处理所有这些事情。独立运营在组织和架构上有更多的要求。你需要一份基础合同、财会系统（或者至少有一种结算工具），以及一定程度的行政支持（我们将在第八章涉及这一主题）。

从市场角度来看，直接销售是最耗时的。尽管许多咨询师在开始他们的职业生涯时手里已经有了来自前雇主或老朋友的项目，但对那些不需要通过挖掘联系人资源寻找线索的人而言，他们随时随地都能够培养人际关系、建立关系网络，并且巧妙地创造推销工作的机会。尽管领英等社交媒体工具有助于通过联系人促进市场营销工作，但它可能依然需要你的通力合作。（如我在第四章所说，社交媒体并不是一种销售策略。）

在你获得优质业务线索之前，你可能要与别人共进许多顿午餐，参加多种交际活动，以及/或做多次演讲。让我们面对这一事实吧：很多人并不喜欢交际，但是近期洛杉矶中介公司瑟里优思临时管理解决方案公司（Cerius Executives）的一项调查发现，大多数高级咨询师的工作有85%都来自交际活动。[1]在这样的数字面前，社交是你无法忽略的一个过程，也是你应该进行战略性思考的一个问题。

业务开发上的投资是一种业务成本。这项成本不仅是指你参加会议时的花费，同样意味着你花出去的时间的机会成本。你用在市场营销上的时间是花费在无法产生收入的工作上的时间。尽管所有的销售渠道都会耗费一些无法产生收益的时间，直接销售——尤其是对那些新手咨询师来说——在这一方面的程度可能是最高的。这也是很多人（包括新手和资深人士）都求助于第三方中介，为他们自己的销售工作增加更多力量的原因。

借助传统中介

中介可以为你提供你或许无法独立获得的机遇，但是你必须承担的风险在于，这些项目可能并不是最适合你的技能的选择。同样，项目的定价标准也不一定符合你为自己的服务设定的费率，并可能与你现在的经济状况不符。尽管如此，这依然不失为一种强有力的销售策略。

独立咨询专业资源的部署是一项重要的商业策略，麦肯锡营销和商业人才集团等专业咨询公司的运作都是建立在这样的价值主张基础之上。它们与客户合作，帮助其了解进入即时市场寻求竞争优势的方式。咨询师作为问题的解决者因此受益于该公司的声誉。这些公司销售的并非一个个独立的咨询师，它们销售的是其能够找到解决问题的专家的能力。实际上，通过这些公司进行工作的咨询师们也同样利用公司的品牌提升了自己的形象。

当你通过专业公司进行工作时，它们会通过自己的销售团队寻找项目，如果它们认为你适合这项工作，便会与你取得联系。一般这种项目会有一份经由该公司与客户协商的预算。这份预算或许与你为工作设定的标准不一致。因此，你需要考虑是否接受这份工作。

在通过中介公司进行工作时，你可以出于以下几个原因而考虑接受较低的费用。

- 项目可能会为你的技能储备带来增加新技能的机会。例如，你曾是国内某一消费品牌的数字化营销专家，现在有这样一个项目，它需要为相同门类的产品提供在重要国际市场上的数字化营销战略。该项目为你原有的技能基础增添了国际化的技能，因此是值得收取较低费用的。（如我在第五章提到的，值得为资本积累而投资。）

- 你为获得该项目所付出的销售成本很少或者为零。因此，你应该乐意在直接销售渠道中减免一些应收取的费用。
- 这家公司是你长期以来就想与之合作的对象。回到过去，M Squared 曾经与卢卡斯影业（Lucas Films）及卢卡斯数字技术公司（Lucas Digital）合作过大量的项目。有几个项目是在天行者牧场（Skywalker Ranch）展开的，这个牧场地处偏僻，距旧金山约有 45 分钟车程（这么说吧，通向该牧场的道路是一条土路，只有在某一里程点上才能找到这个没有被标记出来的地点）。尽管如此，仍有很多咨询师愿意减免费用换取这一机会。

大多数公司会专门参考特定工作的评价信息。为了优化你和它们之间的交易，你应该整理好这类评价。例如，拥有多元化客户的市场传播咨询师在应对一个年度报告项目时，应该能够轻松提供一份针对演讲报告零工工作的评价。

中介公司一般会处理发票以及客户的资金筹集事务。同时这些公司还会处理合同和保险上的需求。一些公司会允许你就合同里的部分特定内容进行协商；然而请记住，它们与客户之间还有一份协议，而这些内容同样反映在了与你签订的合同里。因此，客户那一方或许不会同意就标准合同的内容做重大修改。（我们将在第八章继续讨论这一问题。）

大多数咨询师最看重的是这些中介公司所拥有的销售实力。它们的销售团队会走进市场向客户推销专业技能。这样，它们能够为你带来许多你并不了解的公司的项目，而你是无法仅凭个人力量获得这些项目的。然而，它们推销的是解决方案，而非你本人。它们得到的项目可能与你的专业技能并不匹配。这些公司通常接触的客户面比较广，而它们也不愿意拒绝那些合格的咨询师。因此，即便它们将你纳入了联系人网络，也并不意味着它们就能为你争取到一份零工工作。

为了在中介公司那里得到最合适的工作，你应该小心而慎重地选择中介公司。有些公司只适合某一特定职能领域，如首席财务官外派公司（CFOs to Go）；另一些公司只能协助介绍适合组织内某一特定等级职位的咨询师，如临时高管协会（Association of Interim Executives），该机构只负责发展高级临时管理顾问。还有很多公司是地区性的，如华盛顿的麦金利营销，而其他一些公司则可能是大型人力资源或猎头机构的分支。

这一领域有些令人迷惑，因为这些公司可能会称自己为专业咨询公司、猎头公司或高端临时工作事务所。真正的中介机构认为自己有两类客户：需要专业资源的客户以及寻找工作的咨询师。这类公司好比它所代理的咨询师的市场营销部门，它必须拥有相应的业务成熟水准和行业经验，才能够向自己的关系网络推销服务。你是相关领域的专家，因此中介公司不必具备和你相当的专业水准，它们需要的是在你所在的领域里保持自己的水准。当你和每家公司接触时，请评估一下它们对你所在行业的精通程度，从而了解它们是否能充分地将你推销出去。

以下是你需要考虑的重点。

- **专业水准的业务对这家公司来说到底有多重要？**中介的价值在于它给你带来高水准业务的能力。如果它仅仅是传统猎头公司的一个分支，那么可能并不具备这种专业技能。此外，它的支持架构和销售激励可能并不是为了提供高级咨询师感兴趣的那类工作而设置的。
- **该中介机构是否曾经接过适合你的项目？**我们可以从过去预测未来。如果你在寻找一份报酬丰厚的项目设计工作，那么请确认该公司曾经处理过类似的项目。
- **该公司的组织背景是怎样的？**大多数中介公司都有着猎头、搜索或咨询的背景。立足于咨询或搜索行业的公司通常有更高的服务定位，并且更加熟悉高级人才买家的决策流程。
- **该公司如何定义自己的服务？**中介用语可以算是表明机构在中介市场定位的一种非常有效的指标。高端中介机构强调的是它们为客户需求提供的解决方案，而非它们派出的岗位数量。图 6 – 1 描述了可以判断公司倾向的首要指标。
- **该公司为你提供了哪些服务？**各行业的服务标准有所不同。一些公司会匹配工作，设定定价，在与咨询师进行少量沟通或不做沟通的基础上商定协议。其他一些公司的互动过程可能会更多。对你来说哪一种更好？
- **它们解决客户问题的水平如何？**每家公司都有实现咨询师和客户项目完美配对的“独门秘籍”。M Squared 等一些机构通过高度复杂的项目规范流程，让客户提炼出自己的

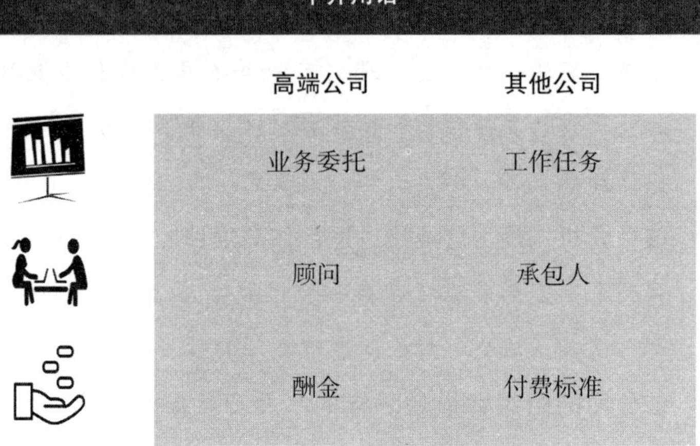

图 6-1 中介用语

关键问题和期望的产出。另一些机构则跳过了技能匹配过程，但同样考虑了必要的软技能。洛杉矶 Cerius Executives 公司对其网络中的所有咨询师使用了心理分析手段。它同样为客户项目建立了档案，这样便可以通过预测分析实现最佳的行为匹配。

- **这些公司的运营机制有多复杂？**大多数情况下，你需要通过中介公司的系统向客户收费。这种系统简单吗？功能完善吗？又是否适用呢？如果你完成的是一项按交付成果计费的工作说明书式项目，这个系统能处理这类项目吗？它们有便于你报告任务进展的应用程序吗？如果有的话，这个应用对你来说很重要吗？你是否愿意使用它呢？它们是否为你提供了有关开支报告的指引和支持呢？

- **你将如何获得报酬？**我们将在第七章讨论雇佣问题，但这里很重要的一点是，你应该了解自己到底是受雇于中介、受雇于客户，还是为自己工作并根据1099表格获取酬劳。如果你是从中介那里获得酬劳，那么了解它的财务稳定性则非常重要。根据法律规定，作为一名雇员，你必须在支付周期期满后的14天内获得酬劳。而客户可能在30天、60天，甚至90天内都不会付费。因此，中介必须为这些应付款项筹集资金，以便在客户到账前向你支付酬劳。
- **它们提供福利保障吗？**《平价医疗法案》（ACA）的出台意味着很多中介无须提供健康保险。（《平价医疗法案》的前景并不明朗，我们会在第十章讨论这一问题。）不少公司会提供自由咨询师难以获得的一些福利保障，如长期护理保险等。一些公司还会根据咨询师的工作时间按比例提供带薪休假计划。你应该明确的是哪些福利适合你，你是否愿意为某一特定公司服务，这对你又有多重要。

在人才领域有许多优秀的中介公司，你值得花些时间去寻找一个或多个能够最好地帮你打造事业的机构。

数字人才平台

数字人才平台是一种相对新鲜的事物，因此我们很难了解通过该渠道促成的真正工作量有多大。特别是大多数此类分析都已经将优步等行程分享型按需平台以及任务兔子这种低端技能供应服务平台考虑在内了。2015 年由摩根大通公司开展的一项受到高度重视的研究表明，按需劳务平台的参与度非常低，参与人数约占美国劳动力人口的 0.5%。尽管如此，这项研究和其他研究的结论认为，这些平台正在以健康的速度发展，在三年时间内将出现 10 倍的增长。[2]围绕不同的技能需求产生了大量多样的平台，如咨询服务、驾车服务、设计服务、教育和培训等。附录 A 罗列了这类公司，以及一些经过筛选的传统中介公司。

摩根大通的研究同时得出了这样的结论：按需劳务平台的参与者将平台作为他们主要收入来源的补充。因此，我们可以认为这些公司是找到其他渠道无法提供的工作的一种方式，而非唯一的客户来源。

尽管数字人才平台与传统中介看上去可能比较相似，但它的运营方式是有别于传统中介的。其中最大的不同在于，你需要投入大量的时间和精力才能得到工作。

在写作这本书的过程中，对那些我可能符合要求的平台我都提出了申请。因为我希望更好地了解它们的申请过程和用户体验。附录 B 记录了我在部分平台上的经历。我的看法是，你需要投入一定的时间才能让这些平台给你带来合适的项目，而这部分取决于平台的算法。某个算法可能认为你适合项目 X，但它并不确信你是否真的适合它，除非你最终被选择完成这个项目，或是被纳入了待定人选。换句话说，如果没有有关你申请过的项目和申请结果的更多信息，该系统就无法更好地判断哪些工作更适合你。

一旦加入了这些平台，你就需要充分使用它们找到对你有用的项目。大多数平台允许你发布适合该项目的理由作为对项目的回应。有的平台还会根据你之前发布过的信息为你提供合适的模板，这样你便无须针对每个项目进行特定的回复了。

这些平台回复信息中的定价部分也各不相同。在部分平台上，你需要立即提供完成某项工作的报价；而另一些平台则提供了交互性更强的步骤，你可以与买家沟通，了解详情，进而设置合理的价位。

档案：EXPERFY

Experfy 是一家专注于数据科学领域的数字人才平台。它是由哈佛创新实验室（Harvard Innovation Labs）于 2014 年高调创立的。之所以如此高调，是因为它的确解决了一个不断涌现的需求：数据科学家的短缺。2013 年麦肯锡的一项报告指出，在不久的将来，了解如何解读数据的经理级人才缺口将达到 150 万，与此同时，数据量也将出现定期的翻倍增长。

Experfy 因此受到了极大的压力［它是科技平台技术时刻（Tech Crunch）最爱的项目之一］，涌入该平台的候选人多达 20 000 名。最后它只接收了大约 3 300 人。它的申请机制和审核程序非常严格。它不仅会检查申请人的领英档案，同时也会检查他们的卡歌网（Kaggle）账号，评估候选人在 Kaggle 竞赛中的表现。（Kaggle 竞赛是数据科学家的黑客马拉松。）

它的客户来自世界 500 强公司和中型企业。它们大多数来自数据密集型行业，如零售、广告、旅游、电子商务等。医疗保健行业的需求进展缓慢，但也在不断发展。买家通常是首席创新官、首席数据科学家或首席分析师等。首席营销官和市场营销部门也是它的客户。

Experfy 的首席运营官哈普瑞特·辛认为它是一家科技公司，而非人力资源机构。他希望在更多市场中打造公司的平台，提供其他类型的分析托管服务。他相信，随着自由职业趋势的发展，对于数据分析的市场需求也将不断提高。当下出现的文化变革加速了这一进程。他确信，尽管平台上的人平均收入高达每小时 250 美元，他的员工依然会将自己视为零工工作者。

由于有效利用这类平台需要一些时间上的投资，选择一家合适的数字平台非常重要。和选择传统中介一样，在这里也有一些问题需要你去思考。

- **专业水准的业务是这家公司的核心吗？**当你了解平台时，请看看你的品牌性专业技能与它提供的哪个级别的系列服务相匹配。尽管 Upwork 网站维持着高级咨询师的服务，但由于它的大多数业务都是初级编程和创意工作，我并不认为这是为管理领域提供严肃咨询服务的高效渠道。

- **该公司提供可能适合你的零工工作吗？**有时是很难确定这一点的。有些网站服务于专业管理领域，如 SpareHire，它主要专注于财务和定量市场分析；而大多数平台都是综合性的。你在大多数网站上所能做的就是浏览它们最新的工作机会。如果有些工作看上去和你相关且让你感兴趣，那么它们可能值得你花些时间去申请。但请记住，大多数热门项目基本上都是可以远程完成的。因此，网站上列出的这些零工工作主要是商业计划、市场或产品研究、调研项目等。如果你是一名组织顾问，那么你的工作机会可能更加罕见。同样，运营管理和制造业的零工工作也不常见。
- **它如何确定你是否具备符合条件的专业技能？**格劳乔·马克（Groucho Marx）曾经说过，他不会加入任何一个将他当作会员的俱乐部。你能指望其他“俱乐部会员”是些什么人呢？是不是任何人都可以加入？抑或它们设置了准入机制？加入一个拥有 5 万名咨询师的网络是没有什么意义的，这其中可能会有一些初级的、不具备资质的或是潜在身份虚假的人员。尽管审核机制看似是烦冗的负担，但这同样可以是高级俱乐部以及你可能想加入的机构的标志。下面有一些例子。

Hourly Nerd/Catalant——必须拥有“顶尖”学校的MBA学历。

GLG——必须参加在线保密课程。

Experfy——必须获得一定的Kaggle评分。

UpCounsel——必须是专攻某领域的律师。

ExecRank——必须完成新成员培训。

或许最严格的审核机制可能来自顶智（TopTal）。这是一家声称在设计、软件开发、金融领域拥有水平在前3%的顶尖人才的机构。它的网站（TopTal.com）说明了获得这些前3%顶尖人才的过程，如图6－2所示。

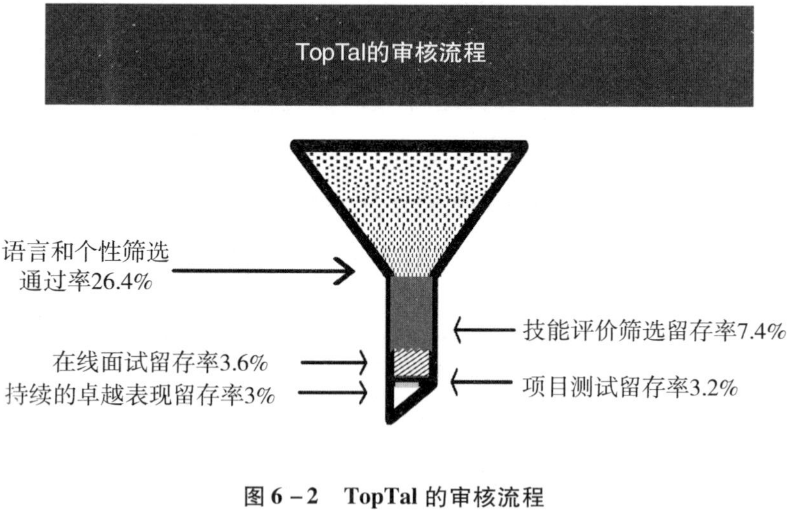

TopTal的审核流程

语言和个性筛选通过率26.4%

技能评价筛选留存率7.4%

在线面试留存率3.6%

项目测试留存率3.2%

持续的卓越表现留存率3%

图6－2　TopTal的审核流程

资料来源：TopTal.com。

- **它是怎样盈利的？** 数字平台的世界依然在不断发展，因此出现了多种商业模式。和传统中介一样，数字平台有两类客户：咨询师和公司。所以这些平台盈利的方式必须同时适用于这两类用户。大多数平台从项目费用中抽成，一些平台用一方资金去补贴另一方（例如它们向咨询师收费以提高收入）。ExecRank 一方面是面向各层次咨询师的平台，另一方面也是针对初创企业和发展中企业的平台。咨询师只有支付月费才能被列入核心专家行列。我必须承认，我对该平台投入了更多的关注，因为我也付费了。这就是说我会从 ExecRank 处得到比其他平台更多的关注和适合我的专业技能的机会。

- **这个平台提供了哪些服务？**有些平台为用户提供增值服务，这些服务主要是培训项目。Experfy 的许多用户都是该领域的专家，因此他们所能为该平台提供的远不止在线培训内容。ExecRank 等一些平台会为特定领域的成员提供认证机会。不少平台会提供包括税务规划指导或合作服务在内的有用资源。有的平台提供博客系统，帮你在它们的用户群中打造自己的品牌。这其中最特别的可能要数同加尔（Tongal）了，这是一个面向独立创意艺术家，为品牌提供 YouTube 和广告内容的平台。在最近三年里，该平台主办了奥斯卡大奖一般的同集思（Tongies）大会，展示了多种创意领域内的优秀作品，比如通过该平台完成的长篇视频或动画作品。

在这里，重要的是要记住数字平台的客户和咨询师都是它的会员。在专业咨询中介那里你无法了解客户是谁，而你通常能在数字平台上看到你的客户。这意味着开创这些市场的平台公司需要保护它们的投资，因此它们会要求重要合作人列出它们的合作关系。

与你更新手机软件时签署的那些从来都没有仔细阅读过的在线合约不同，你必须把选择参与的数字平台的合约打印出来并仔细阅读，这一点非常重要。你可能需要就其中的一些条款咨询法律意见。尽管我并没有把每个平台的合同都通读一遍，但我还是阅读了其中的一些，它们有以下几个共同之处。

- 通常你和客户签署的是同一份文件。实际上，为了在大多数平台上实现申请，你会同意这份合同，这也是一些人并不阅读合同的原因。（请不要犯这个错误！）
- 平台不承担匹配的责任，因为这种匹配过程是由平台双方的用户共同完成的。同样，平台并不保证特定咨询师是否具备他所说的能够成功完成任务的技能。
- 大多数平台禁止用户在平台之外互相联系。用户不能在平台上分享电子邮件和电话号码。当我在 Fiverr 上雇用网页开发者为我搭建个人网站时，远在摩洛哥的程序员大卫（David）建议我们通过 Skype 通信软件打电话。当我在回复中写下“我的 Skype 账号”这几个字时，屏幕立即变红，这让我意识到我可能违反了合约。很显然，这些平台在外部联系上的限制非常严格。因为我的项目运作得并不够完美，而更直接的沟通方式可能会有所帮助，所以我并不喜欢这种约束。

- 大多数机构把决定咨询师到底是雇员还是独立承包人的责任推到了客户身上。然而咨询师同样应该明白，许多客户尤其是初创公司和中小型企业的配置可能无法让它们在这个问题上做出正确的决策。因此，你应该自己去了解这种就业状态决策的影响。（我们将在第七章进行更多的讨论。）
- 合约中列出了支付手段。大多数机构是通过自己的平台结账的，但SpareHire等一些机构直到现在才着手开发这种功能。尽管有些平台正在调整它们的模式以适应多种付款形式，但是大多数平台依然只接受来自客户的信用卡支付，主要与大客户合作的Experfy接受企业采购订单和公司支票。在某些情况下，酬劳在零工任务开始时就已经被预先支付了，并且被暂存于托管处，项目完成后再发放。如果你从事的是一项长期工作，那么你需要了解支付的流程，看看它是否能满足你的现金流需求。
- 合约中也详述了争议处理机制。如果客户不满意这项工作，他便不会认可这个项目，这意味着资金将永远不会转移到作为咨询师的你的账户中。在大多数情况下，如果咨询师认为应该获得酬劳，那么他可以发起申诉。我曾经在一项命途多舛的Fiverr项目上遇到过此类问题。了解如何解决争议是很重要的，尤其是对那些涉及已经完工的项目的争议。
- 大多数合同都涉及知识产权（Intellectual Property，简称

IP）所有权的问题。我们将在第八章对此做详细讨论，不过如果你希望在某一领域拥有你所创建的知识产权，那么平台上的合约可能无法实现这一点。我的另一位 Fiverr 开发者是一个解决方案提供者，他为我设计了一份专属的搜索引擎优化手册，因此无需他的参与我便可以自行优化我的博客文章。从技术角度上来说，这份手册可被视为“雇佣作品”，而我拥有这份手册的权益。他为这份手册申请了版权保护，我并不介意他这么做，因为我本也会向他提供免费且永久的授权，允许他将这些文档用于其他客户。

一旦你确定了能够发挥你专长的平台，并且也已经阅读了它们的合约，你需要做的是申请它们的子平台。如同我之前说的那样，你需要的是时间上的投入。但是你同样要考虑多元化的方案。现在，咨询平台领域的竞争者非常多。这几乎让人回忆起 2001 年，当时全网只有五家宠物食品外送服务公司；人人都清楚它们并没有全部存活下来。实际上，《哈佛商业评论》近期的一篇文章指出，数字平台并没有像它们驱逐相似但劣质的竞争者那样破坏传统业态。[3]为了不把所有的平台“鸡蛋”都放在同一个众所周知的篮子里，你最好申请两到三个感兴趣的子平台。

发挥数字平台的作用

尽管它们的运作模式不尽相同，这里还是有一些如何提高你在这些平台上找到工作的可能性的建议。

- **通读网站上的内容。**几乎所有的平台都有自己的博客，其中至少有一部分文章是针对咨询师的。这里面一定会有一篇有关如何最好地利用该平台的文章。其他常见的内容包括行为准则、参考指南、就业状态信息等。请全盘阅读它们并且遵循它们的建议。
- **参加业余活动。**不少网站会为相似行业的咨询师设置专门的交流小组，它们称之为咨询网或专家小组。即便你认为自己算不上专家，你也可以加入最适合你的专业和工作的小组。在这里你可以阅读帖子，了解其他成员完成的项目，参加支持你专业技能的网络直播。有些平台甚至会为你推荐应该结识的其他成员。最近 Catalant/Hourly Nerd 推出了另外一种名为“项目创意”（Project Ideas）的项目。借助这个工具，你可以推广能够为客户完成的零工工作。理论上说，该平台会接着将这些项目推广给它的客户群体。该公司表示，客户常常不知道咨询师群体能够做些什么，这个新功能就是用来展示他们的能力的。我也大胆尝试了一下。很显然它们接受了我的董事会治理能力提升培训项目的建议，然而到目前为止我还没有接到任何相关业务。
- **确定你的竞标策略。**在竞标时，请看看这个项目是否符合你对自己所做的品牌定义。此外也请考虑以下几个实际问题。
  - 薪酬足够多吗?

- ■ 你的时间充分吗？你是否能够在规定时间内完成任务？
- ■ 你愿意为这类客户服务吗？
- ■ 你有哪些原则？（这里的原则是指你为自己工作时所不会去做的事情，例如在星期天晚上乘飞机出行。它也可能是那些你不愿意从事的行业，如烟草业等。）
- ■ 当然最重要的问题是：你具备满足客户需求的专业知识和技能吗？不论这份工作有多么酷，请不要承接超出你能力的零工工作。一名咨询师曾经对我说过，只有你的最近一次零工工作才能代表你的水平。因此，千万不要接下可能给你带来不良反馈的工作。

- **设计并执行竞标方案**。在某些时刻你只需要立刻行动，然后按部就班地操作就可以了。你可以设计一个每周一次或多次的项目检索方案，设定计划考察项目的目标数量。此外，这种方法对于那些从事市场研究或战略规划的人来说是一种更加有效的方式，因为这些项目在此类平台上更有市场。这也就是说，一位战略咨询师可以设定每周竞标三个项目的目标。大多数平台都提供了包括项目开放时间、项目已经接受的竞标数量在内的信息。你需要在你选择加入的两到三个平台里这么做，同时你也要跟踪每个平台的成效，并且比较以下内容。
  - ■ 你的面试概率（面试次数/竞标次数）。
  - ■ 你的竞标成功率（获得的零工工作总数/竞标次数）。
  - ■ 服务水平：你是否发现了你所竞标项目的进展（例如

该项目被其他人成功竞标)；抑或你是否仍处于待定状态，依然不了解该项目和你申请的最终结果?

对这些数据的比较可以帮你做出判断，让你了解哪些平台才是有助于你发展事业的最佳渠道。

本章要点

- 为了发布工作，你需要开展直接销售工作，你可以通过传统中介和数字平台提升推广效果。
- 中介机构有很多，既有传统型的中介也有数字平台。你需要筛选它们，了解哪些平台是能推进你工作的最佳选择。
- 传统中介推销的是咨询服务，它们能为你找到你自己无法获得的项目。
- 你需要投入一定的时间才能在数字平台上取得成效。性能指标能够帮助你评估最适合你的平台。
- 数字平台或许是那些不在现场就可以完成独立项目的市场营销和战略规划咨询师的最佳选择。

注释

1. “Interim Executive Confidential—The Interim Executive,”

Cerius Executives website, October 5, 2016, *https://ceriusexecutives.com/interim-executive-confidential-independent-executive-4/*.

2. Diana Farell and Fiona Greig, "Paychecks, Paydays and the Online Economy—Big Data on Income Volatility," JP Morgan Chase Institute, p. 21.

3. David Evans and Richard Schmalensee, "The Business That Platforms Are Actually Disrupting," *Harvard Business Review*, September 21, 2016.

第七章

雇佣关系中恼人的小问题

THRIVING IN THE GIG ECONOMY

"如果你不能用最简单的语言来描述，那你就是没有真正领悟。"

——阿尔伯特·爱因斯坦（Albert Einstein）

第七章 雇佣关系中恼人的小问题

这个问题归根结底是税务问题。无论我们是世界500强公司的经理、独立人力资源顾问、数字平台程序员，还是水管工，我们的收入都受制于联邦政府，并且通常要符合州政府所得税的要求。我们上缴给联邦政府的税款金额取决于我们获得收入的方式以及我们的就业状态。因此，政府高度关注着你是否就业的问题。任何想要在零工经济中有所成就的人必须理解有关就业的法律环境，尤其是独立承包人和雇员的问题，同时也应该了解工资和工时违规的可能性。

如果你是人力资源领域的就业律师或曾经处理过相关问题的前任首席财务官，那么你可以直接阅读下一章。对于一直关注优步独立承包人诉讼案的人来说，如果你特别想了解这一话题，你也可以继续阅读，因为这一章里有很多微妙的问题值得思考，当然，现在陪审团还在就这些法律问题进行评判。因此，在我们深入讨论就业法之前，让我们先看看近些年来最高调的一组就业官司吧，也就是关于优步司机是独立承包人还是雇员的官司。

有关 1099 与 W2 争议的概述

优步目前面临的困境在于司机究竟是独立承包人还是雇员，这是零工经济的一项重大发展，因为这会引发人们对该问题的更多关注，并为长期以来存在于美国劳动力市场的问题带来可能的解决方案。这样的独立承包人合规性问题并非新鲜事，但该问题涉及最高调的独角兽企业之一，因此也就戏剧化地提升了讨论的热烈程度。

我曾经比大多数人更热切地关注过这个案子，因为我也遇到过相同的问题，但规模较小。实际上，当优步被首次曝出诉讼案新闻时，我的前任首席财务官特地从多伦多给我打来电话，只是为了一起回忆一下当年与合规性做斗争的时光。非同寻常的是，那么多人和媒体都坚定地将优步事件视为一种新的进步，而实际情况却是独立承包人的合规性问题已经存在很长时间了。

我的第一起就业诉讼案发生在 1990 年。一名独立承包人打算申请失业，便声称他是我们的员工。因为根据定义，独立承包人并非雇员，不缴纳失业税，没有资格申请失业补偿金。他们在年底上报工资税时使用的不是 W2 表格，而是 1099 表格。这也是该问题通常被称为 1099 与 W2 争议的原因。

最后我们打赢了这个官司，部分原因在于我们的措辞。措辞很重要，我们在文件和合同中用“聘请”（engaging）代替了“雇用”（hiring），这正是赢得官司的关键。我们还列出了一些事实，例如，他可以委托其他人工作，可以在按约定时间完成项目的前提下自行安排时间等。这些明确的条款确立了我们和这位独立咨询师之间的关系。同样，我们面对客户时的措辞也反映了我们和咨询师之间的关系，同时清楚地描述了我们在寻找资源、监督项目时可以承担和不可承担的角色。接下来我们又打赢了三个官司，这一方面是我们想要的结果，但另一方面也给我们带来了极大的困扰和额外的开销。

直到 1993 年，我们注意到许多科技行业的客户对这类独立承包人问题都表现得小心谨慎。一些可以独立完成的零工工作，如市场调研等，其中在最后报告前不必进入客户场所的工作全部被取消了，原因是首席财务官和法律顾问认为这么做的合规性风险实在太大了。这种规避风险的市场行为带来了机遇。作为一名企业家，我为客户找到了从我们的咨询师网络中购买服务的方法，因此我开办了一家新的公司 Collabrus，降低了独立承包人和雇员问题的风险。

和此前的 M Squared 一样，Collabrus 是一种全新的工作模式。在工作性质或客户的风险状况可能会将咨询师定义为雇员的情况下，该公司会在项目期间充当咨询师的雇主角色。它为咨询师设计了专门的福利待遇，如低价的过失与疏忽保险。在开创和运营该公司的过程中，我学到了比我所知更多的有关独立承包人合规性问题的知识，因此现在我对优步的案子也很感兴趣。

须先声明的是，我不是律师，我只是一名经验丰富的观察者，在我看来这两种雇佣方式优步都可以采用。原因之一在于，这是一个模糊的地带，因为“独立承包人”并不是法律定义的一种身份。美国就业法的很大一部分来自英国的主仆法，而这些法案最早可以追溯至14世纪。实际上，这些法案是在黑死病大屠杀后才产生的——由于死了很多人，需要有法律来规定剩下来的公民哪些可以成为主人，哪些又是仆人。那时并不存在独立承包人问题。因此尽管我们知道自封建和农奴时代以来世界发生了巨变，但就业法规的某些方面却没有什么变化。

[虽然如此，但很讽刺的是，“自由职业者”（freelancer）一词源自中世纪的雇佣兵骑士。他们不从属于任何一个国王，而是受聘的武士。他们可用的武器是长矛（lance），因此他们能得到“免费的长矛”（free lance）。但我好像跑题了……]

因为独立承包人没有法律上的定义，一些州参考代理法和其他因素设置了一些准则。美国国税局将应用最广泛的框架纳入了定义独立承包人的“20点清单”。这些都是常见的法律准则，包括拥有自己的劳动工具、能够承担财务损失、没有接受过培训等，这些条件不必全都满足，其中一些条件比其他的更为重要。因此这给判断谁是独立承包人和谁是雇员的问题带来了极大的不确定性。

为了方便雇主和工作者，美国国税局将这20点清单划分成三个大类：行为约束、财务约束以及相关方关系。尽管如此，其依然没有按优先级对列表排序，也没有指出哪些指标可以分别用来判定雇员或承包人。由于清晰的表述看上去太过简单，他们在该主题的文档中补充了以下注意事项：“美国国税局强调，除20

点条件之外，1987 年定义的相关指标同样有效，这些指标的权重依具体情况而变化，相关指标会随时间而变化，所有的事实都必须经过检验。”[1]

图 7－1 显示了这 20 个要点。

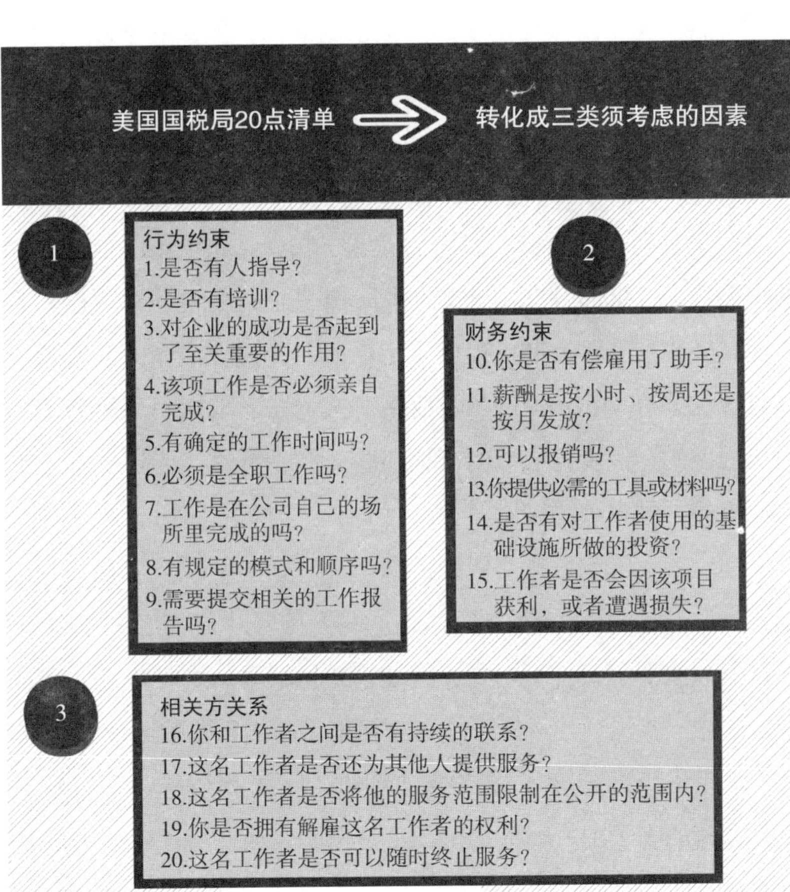

图 7－1　20 点清单

在最近的20年里，企业将指导和控制视为这20点清单里最重要的考虑事项。

我们再看一看优步司机的案子。优步极力坚持的一点在于它并没有培训自己的司机；司机在加入优步之前已经懂得如何操作交通工具。优步或许验证了驾驶记录的清白，但这并不能被视为培训或指导。司机可以设置自己的日程安排，这一点对优步而言是有好处的，因为这削弱了管理的感觉。此外，很多司机都是非常兼职化的（例如不少人的工作时间少于每天10小时），这同样也对优步有利。然而技术却扰乱了这一局面。司机可以从优步那里得到一台iPhone手机，这样他们就能连上优步的叫车平台。鉴于此，优步在某种程度上提供了生产工具。或许最大的问题是一名行政法官在2015年的一项裁决中认定一名南加州司机为雇员时所强调的：优步为所有的行程设定了收费标准。而这实际上是对司机的一种强大的控制。[2]

迄今为止已有三起类似的诉讼案件，其中两起发生在加利福尼亚州，一起发生在佛罗里达州。每个案子中司机都被视为雇员，但这些案子又各不相同。因此，我们很难从中收集到明确的观点。进一步说，这些案子作为先例很难起到重要的借鉴作用。

如果优步这起案子最终得到判决，我猜测结果会是分歧判定。在有的案子中，一些司机几乎是全职且仅服务于优步的（还有不少人也在其他叫车平台上工作，如来福车），因此优步可能会被判为雇主。而对于我在非正式调查中调查的绝大多数司机来说，优步能够补贴收入的特点帮助教师、家庭画家或音乐家赚到了一些额外的收入，这一点可能会让天平向独立承包人一方倾斜。有的人是雇员而有的不是，我认为这样是非常公平的。这种分歧判定在支持劳工保护、通过新业务模式增加就业机会以及提高不同人群的收入水平这三点之间找到了平衡。

然而，整个情况已经变得更加不明朗。最近在英国，优步司机赢得了假期工资和最低工资标准的权利，该案件正在上诉中。我不知道该判决将会如何影响美国的案子。在美国的其他案子中，一项涉及任何认为自己是优步雇员的司机的集体诉讼案最后达成了和解。优步同意支付 1 亿美元解决这一问题，但是法官以和解金额不足为由拒绝接受该项和解。这一判决之后，另一项法庭诉讼要求通过仲裁解决纠纷，从而可能会减小未来针对优步的集体诉讼的可能性。[3]这对优步而言可能是个好消息，因为找到一个反对证据的代价是相当大的。据估计，加上其他额外开销，优步在诉讼上已经损失了 41 亿美元。[4]对于负责就业法这一领域的人来说，这并非好消息，因为他们需要进一步对此做出明确的说明，而这起高调的案件或许最终可以澄清这一问题。

让我们回到更普通的情况中去。作为一名自由咨询师，我到底是不是雇员呢？我应该在意这个问题吗？

我为什么要在意

很多大型科技和金融服务公司都对就业合规问题采取了规避风险的态度，它们投资人才管理战略以降低该方面的风险。有些公司采用了比较基础的方式，下达了禁止在1099表格基础上雇用任何人参与项目工作的指令。因为不愿意将这些灵活就业人员雇为自己的员工，这些公司要求所有的自由工作者通过第三方支付渠道获得自己的报酬。

在过去20年里，猎头公司建立了"主要人力供应商"（master vendor）的帝国，它们为公司管理临时工作人员和临场人力资源。在供应商管理服务（Vendor Management Service，简称VMS）的世界里，那些一般会在1099表格基础上获得报酬的个人将转变成临时雇员。VMS一开始是公司用来减少采购开支，实现更有效竞争的一种方式。它的理念在于，减少合作供应商的数量可以让公司变得更有效率，而这些供应商最后也变成了公司采购流程的一部分。VMS可以合并账单，管理优选供应商列表，减少为项目填充人员的时间，并为不同等级的专业资源设定不同的费用标准。VMS供应商将从所有签约公司的账单总收入中抽成，作为自己的报酬。因此，在VMS环境下，不论是初级程序员还是高级传播顾问，他们最终拿到的报酬都是打了折扣的，而折扣部分则被用来支持VMS供应商了。

我们并不清楚VMS模式是否提升了公司的效率。这一领域的行业专家阿伯丁研究（Aberdeen Research）团队表示，使用VMS系统的公司中只有17%在减少开支和提高招聘效率上取得了成效。尽管如此，全美有超过72%的公司使用VMS操作方式管理合同工和专业服务采购。[5]曾经这只是一个影响主要技术资源的问题，而现在这可能会影响任何专业服务提供者。

为了准备接受这种影响，很重要的一点是了解它的规则。你了解这些规则之后，更重要的是还要懂得如何利用这些规则。

让我们回顾一下，判断雇佣关系的三类考量因素分别是行为约束、财务约束和相关方关系。行为约束是有关工作如何完成的。例如，是否需要现场培训。今天，工作地点的要求并不那么严格，但是依然存在一些所有工作必须在其范围内完成的高度保密的工作环境。如果你的客户提出了工作条件、时间、地点、方法上的要求，或是要求你参加培训，那么这种零工工作看上去就有点儿像是正式雇用了。

尽管很多咨询师可以规避和客户有关的行为问题，但财务因素却是很难处理的。大多数咨询师按小时收费。对监管者来说，按小时收费是雇佣关系的标志。我知道会计师和律师都是按小时收费的，那为什么组织发展顾问不能按小时收费呢？原因在于前者拥有资质认证，诸如进入该行业的许可或注册会计师（CPA）证书等。此外，按小时收费的结构可能会带来薪资和工作时长的问题。我们将在本章的后半部分讨论这一问题。这么说吧，尽管它们的发展更具挑战性，但是在就业法约束的环境下，具有里程碑意义的项目费用是最合理的费用结构。

最后要指出的是，相关方关系实际上是指你是否还有其他的客户。如果你希望成为一名独立咨询师，仅仅和一家公司建立唯一的联系绝不是个好主意。现有的合同以独立协议的方式明确定义了工作者和客户之间的关系，这似乎是双方意愿的有力展示，但这并非硬性要求。在我经历的众多就业官司中，每当法官看着自称是我员工的咨询师，问道“你没有读过你签下的合同吗”的时候，我就感到非常快慰，因为那没说出口的答案很可能是“没有”。

影响业务的因素

从企业实体的角度看，独立咨询工作可以以多种不同的方式展开。即便并非大多数，也有不少自由工作者是个体户，他们只以自己的名义来做生意。部分个体户会做出以何种名义经营业务的声明，这样他们就能够向任何咨询公司销售自己的服务了，但是他们依然会通过个人税务来管理自己的收入和开销。有的人会选择小型公司，在那里他们能从公司体系中得到有限责任的福利，然而通过小型公司他们依然要为个人所得缴税。另一些人则选择加入股份公司，成为公司的雇员并且享受许多税收优惠，但这么做的最大缺陷在于双重征税。股份公司的利润受制于它的所得税，而作为股息得到的收入同样也会被征税。

不论你选择了哪种结构，这对雇员或独立承包人问题都没有实质性的帮助，因为参与工作的细节才是最终的决定性因素。也就是说，一名合作式的咨询师所适用的远不止 1099 表格。而实际上，如果咨询师加入了公司，有些公司只会考虑按 1099 表格向他们付费。

如果你希望以独立承包人的身份开展自己的业务，而不必完全加入公司，那么这里有一些可以帮助你保住自己位置的小窍门。

- 请保证你通常有多个客户。向整个社群提供服务是行为考量因素之一，这有助于将你定义为商人而非雇员。
- 同样，特定的企业名称、办公场所的投入或专门用于市场营销的网站都是你向所有人开放业务的标志。
- 掌控好你的工作环境。请不要让客户设定你的工作时间。记住你是受聘完成一项成果的，只有你和你的专业资源才可以决定如何实现这项成果。
- 请注意千万不要拿到没有明确标注“访客”的出入证。同样，请避免参加那些专门为员工举办的办公室聚会。有谚语说道：“如果走路像鸭子，说话像鸭子，那这一定是只鸭子。”

相反，一些咨询工作可能很难被解读成一项独立工作。超过六个月的长期项目就属于这种情况。同样，如果你在某些项目或临时工作中被授予了雇用和解雇权限，那么这就会被视为将通常由员工负责的职责赋予了你。最后，如果你在相邻的办公室做着和雇员一样的工作，这种情况也是可疑的。此外，请记住，只要你愿意作为自由工作者通过 1099 表格获取酬劳，那么只有工作才能决定什么是最合适的。

任何结构的业务都可以根据 1099 表格进行付费。如果你被告知自己必须成为员工，那么你有以下几个选择。

- 你可以看看全职工作是否能解决这一问题。如果你打算这么做，请务必就此咨询财务或税务顾问。

- 你可以成为客户的临时雇员。有些公司开放了这种选择，但是很多公司并没有这么做。有的公司可能会把你推荐给它们的人才供应公司，让你成为它们供应商的员工。
- 你可以为自己找个雇主。

我需要一个雇主

最近10年，新的市场利基已经在雇主伙伴市场中发展起来。有的来自猎头服务，其他的则来自人力资源公司，这些公司看到了为独立承包人赋能、让他们为关注合规性问题的公司工作的需求。我开创的 Collabrus 或 MBO Partners 等公司，会雇用咨询师完成零工工作。客户会向 MBO Partners 支付费用，而其则会进而把你当作员工向你支付报酬。你可能会在年底收到 W2 表格而非 1099 表格。和全款支付工作报酬的 1099 不一样的是，受雇的咨询师收到的是扣除了所得税和就业税的净收入。

大多数这样的公司非常熟悉目前十分普遍的人才供应商服务模式。因此，它们不遗余力地成为那些有大量咨询师需求的公司的主力供应商。如果你希望通过人才供应商的关系与这样的公司达成合约，你可能要了解所选的供应商是否已经在该公司的准许名单上了。

对咨询师来说，拥有自己的雇主在一定程度上是有好处的。作为自雇个人，你必须完整支付美国联邦保险捐税法规定的就业税，即15.3%。而作为员工，你的雇主会为你支付其中的一半。

此外，你可能会被纳入工伤补偿险和失业保险的保障范畴。同时很多雇主合作公司提供了额外的福利，如401K计划*、短期残疾福利，以及/或者医疗保险福利等。

如果你已经是一名雇员，特别是在你采用了并非一般的工作模式时，请务必记住下面的这些额外的注意事项。

- 当你放弃自己的独立性成为雇员时，你便获得了法定雇员的权益。例如，你必须在工资支付期结束后不超过10天的时间里获得报酬。此外请注意，雇员的身份并不代表你可以获得带薪假期和病休；这些福利都是非强制性的。
- 请弄清经济状况。作为雇员，因为扣除了就业税，你拿到手的收入会比较少。实际上，很多公司会与你协商降低你的工资额，这样你就不用承担7.65%的税费了。这或许是一种恰当的方式，但是请记住你的现金流会因为预扣了个人所得税而下降。但这样你或许可以省下花在申报季度税费时所需的会计费。
- 请密切关注这一方面的政策发展。优步诉讼案的一个意义在于人们开始关注法律的这一领域了。而这有可能就是未来五年内会发生变化的地方。

* 美国1978年《国内税收法》新增的第401条K项条款，是一种由雇员、雇主共同缴费建立起来的完全基金式的养老保险制度。——译者注

有关工资和劳动工时的讨论

如果你以咨询师的身份成为一名雇员，那么你最后要考虑的一件事情就是工资和劳动工时的问题。工资和劳动工时法是由《公平劳动标准法案》（Fair Labor Standards Acts，简称 FLSA）所规定的。它们定义了最低工资标准、儿童保护法和加班法规。

最近五年来，加班受到了严格的审查。曾经，工作要么免于缴税要么必须缴税，这也就是说加班工作可能也要缴税。白领工作者和经理们被认为是免缴的，只要他们的年收入少于 23 666 美元的缴税起征点。（政府好像不太喜欢取整。）大多数咨询工作和管理工作类似，因此不会出现因工资和劳动工时法而产生的员工冲突。然而现在世界已经变了。

最近的决策表明，那些原本被认为免缴的零售商店经理，现在也必须缴税，并且应有获得加班费的权利。普华永道公司就一个案件达成了和解，为尚未通过注册会计师考试的初级会计师提供了加班保护。[6]此外，2016 年，奥巴马政府将起征收入标准提高到了 47 476 美元（又是这样，我一直搞不懂他们为什么就不能把数字四舍五入到 47 500 呢），这样就有更多的工作者可能有资格获得加班费。然而，很多观望者认为特朗普政府会取消这一政令。

和雇员的定义一样，除了薪资标准外，对于免缴和必须缴税的员工的定义也是含混的。判断的重点应该与日常工作的特点以及它们对业务连续性的影响有关。

虽然如此，监管机构特别重视的一个问题在于员工是如何获得报酬的。在政府看来，按小时付费是不应免缴的。人们或许可以争辩，如果以每小时 60 美元的标准向咨询师付费，那么咨询师明显应该免于缴税，因为这个标准下的年收入仅为 120 000 美元。然而，如果向此人支付三个月零工工资的话，换算成 W2 年收入仅为 28 800 美元。有些公司向咨询师雇员支付最低标准的免征工资，然后使用额外的奖金来补全剩下的工资。

这样一来，很多咨询师都害怕自己所做的工作会被纳入必须缴税的行列。因此，他们绝不会向雇主或客户提出这个问题。

这一切都是因为就业法的混乱而造成的。尽管你只是一名要在一定时限内完成工作的咨询师，但作为一名员工你依然有获得加班费的权利。

在就业法这奇妙的世界里，事情从来都是那么的精彩啊！

有关就业和数字平台的最后一点建议

大多数数字人才平台在独立承包人合规性问题上表现得都比较被动。它们在合同中让客户来决定工作者应该成为员工还是独立承包人。在有些情况下这么做是绝对合理的。我最后在 Fiverr 上找到的为我搭建网页的那位程序员明显是在完成一项短期零工工作，他同时还有很多其他的客户。然而，如果这些平台发展到了这样一个阶段，即所有的工作都非常重要，且需要持续一段时间，那么情况就会有所不同。

然而更重要的是，通常光顾这些平台的都是一些小公司，它们不太在意就业法的细枝末节。它们可能会请多名咨询师与自己的员工一起完成同样的工作。回到 20 世纪 90 年代，因为雇用了独立承包人完成和员工一样的工作，微软（Microsoft）输掉了一场重要的官司，这也让他们意识到这其实是麻烦的开端。许多经验丰富但更加初级的经理出于正确完成工作的好意而并不太留心有关管控的问题，因此他们进行了一定程度的监督工作，而这可能会被视为工作指导。这种监督工作最终会让该项目看起来像是雇佣工作。同样，有些初创公司可能并没有注意到它们招募的工作人员每周工作 60 个小时，尽管他们都是咨询师，但这样做已经算是加班了。

你的客户可能不太了解这些问题，因此你自己找到正确的工作方式就显得十分重要。就像俗话说的那样：“买家风险自负。”

本章要点

- 在美国，独立承包人和雇员在法律上的合规性是一个重要问题。
- 美国国税局的 20 点清单可以用来判断个人是独立承包人还是雇员，但是这些规则并没有明确的使用方法，因此带来了严重的模棱两可的问题。

- 判断一个人是独立承包人还是雇员的关键因素在于行为约束、财务约束和相关方关系。
- 以合作方式加入公司的咨询师是最有可能对 W2 与 1099 问题免疫的群体。
- 咨询师可以被公司雇用，这些公司提供了薪酬服务和其他福利。
- 在某些情况下，受雇的咨询师可能符合享受加班费的要求，因此请留心这一领域的规则。

注释

1. IRS website, *www. irs. gov/pub/irs-utl/x-26- 07 . pdf.*

2. Heather Sommerville, "Uber Has Lost Again in the Fight Over How to Classify its Drivers," Reuters, September 10, 2015.

3. Mike Isaac, "Ruling Tips Uber Drivers Away From Class Action Suits," *New York Times*, September 7, 2016.

4. Stephen Gandal, "Ubernomics: Here's How Much It Would Cost for Uber to Pay its Drivers as Employees," *Fortune*, September 17, 2015.

5. "Vendor Management System," Wikipedia website, *https: //en. wikipedia. org/wiki/Vendor_ management_ system.*

6. Francine McKenna, "PWC's California Overtime Case Settles, but the Big Four Business Model Will Change Anyway," *Bullmarket*, *https*: *//medium. com/ bull-market/ pwc-s-california-overtime-case-settles-but-the-big-four-business-model-will-change-anyway-8598ce74 c1 da#. id9xohnif.*

第八章

作为自由工作者的员工体验

THRIVING IN THE GIG ECONOMY

“如果你不能推动自己的业务发展，那么你就会被业务踢出局外。”

——B. C. 福布斯（B. C. Forbes）

第八章 作为自由工作者的员工体验

员工体验是工作领域里的一个新概念。越来越多的公司发现人才的竞争正不断升级，因此为员工打造一个乐于工作的环境是非常重要的。实际上，很多自由工作者就是因为员工体验满足不了他们才离开公司体系的。这种人才流失的情况引起了美国公司的关注。现在，为了了解是什么造就了最佳工作环境，又是什么让员工乐意待在这样的环境里，研究者和人力资源经理们展开了比以往更多的调查。考虑到这一点并且充分认识到了其中的讽刺意味后，我认为有关员工体验的洞察或许还可以应用到自由工作者身上。

雅各布·摩根是这一领域的专家，他是一名未来主义者，同时也是全球机构高级领导人智库——未来工作社群（Future of Work Community）的联合发起人，他解读了工作场所的变化以及这些变化对全世界人类的影响。（他同时开办了播客“未来工作”，我强烈推荐大家收听。）实际上，雅各布在2017年春季出版了一本有关员工参与度的书：《员工体验的优势：如何赢得人才战争——为员工提供期望的工作环境、必需的工具以及他们喜爱的文化》（*The Employee Experience Advantage*：*How to Win the War for Talent by Giving Employees the Workspaces They Want, The Tools They Need, and a Culture They Can Celebrate*）。在书中，雅各布分析了超过250家全球机构，阐述了如何创建一个可以用来展示工作、人们并不需要却真正想要的机构。我问雅各布，他在研究过程中是否从未考虑过仅有一名员工的公司。他的回答是："对于个体工作者来说，这完全不是一回事。因为这些体验来自你和机构之间的交互。不过，好消息是没有人知道你在意什么，也不知道你最看重什么！"[1]

他接着提出了自由工作者应该考虑的三类问题：完成工作所需的工具，最利于表现强大工作成效的工作环境，以及公司文化。带着对雅各布的感谢之情，我们一起讨论一下这三个方面吧。

业务工具

不论专业是什么，自由咨询师都需要一些特定的"工具"才能像企业那样高效地运作。这些工具中最重要的是合同框架和财务结构。其他有用的工具包括培训和发展计划、市场营销计划以及技术策略等。

合同和风险框架

公司雇用个人时，不论员工的职务是销售人员、首席财务官还是接待员，公司通常都会提供一份写明具体工作安排的聘书，其中涉及薪资、适用的福利、工作时间、工作起始日期以及隶属关系等。咨询工作的说明同样需要细化到这种程度，但是请记住这里的基本关系是完全不同的。正如我们在第七章讨论的那样，就业法的基础源自主仆关系，公司和员工就好比主人和仆人。

在不考虑功能的前提下，网页开发者或临时首席财务官的咨询项目是在完全不一样的场所展开的。这是一种点对点的交互，在交互过程中，作为过程完成后的结果，每一方都确切地得到了一些东西：客户得到了期望的成果，而咨询师赚到了钱。理论上说，雇佣关系中也存在这种共同提升的关系，但其却是隐性的。

此外，在有合同约束的前提下，如果期望的目标未能达到，那么客户则无须付款。它的法律依据来自合同法而非就业法。这就是合同对咨询协议中成果或非成果的定义非常重要的原因。对于那些很难理解这一概念的人而言，我会把它比喻成雇用承包商来粉刷你房子的每一个房间。如果他们没有粉刷厨房，你可以暂缓付款；如果他们把厨房粉刷得很糟糕（例如他们只刷了三面墙），你可以暂缓付款，这是因为他们并没有兑现合同中约定的成果。咨询合同也是如此。

因此，自由工作者的合同不必太长、太复杂；合同与你的专业领域有关，有可能会非常简单。你可以使用包含业务关键条款的信函模式。此外，你可能常常要在客户拟定的合同上签字，在这种情况下，你要明白哪些条款可以接受，哪些条款需要协商，又有哪些条款是你要补充的。请不要把你所有的条款都加上去，只补充那些最重要的条款就够了。你必须明确理解客户补充的条款的意义。这其中可能有一些你愿意承担的风险，而另一些你则可以用保险来削弱它的影响，我将在本节最后讨论这一问题。你的抗风险能力可能较高，对于某些特定客户你可能不介意任何程度的风险暴露。这也是我将这种工具称为合同框架的原因。这里的关键是确定工作中固有的风险范围，判断哪些是你可以接受的，哪些又不是。对于风险暴露的理解将帮助你创建一系列的信函、合同，以及/或者保险保障，从而为你提供恰当程度的保护。

这就是说，如果你选择和 MBO Partners 这样的第三方雇主合作，那么这一节内容可能没有什么意义。在这种情况下，很多这样的问题都已经为你解决好了。我将在本节最后讨论这种选择。

典型条款

这里有一些你在开发合同框架时想要明确的内容。

有关工作范围的约定

非常重要的一点是，你和你的客户应就项目必须包含和不应包含的内容达成一致。最基本的，如果你们要提出一项建议，那么双方必须在完成形式上达成一致。如果一位客户想要得到一份 30 页的报告，但却收到了 10 张幻灯片，那么客户会认为工作目标没有达成。因此，你必须和客户达成以下明确的协议：

- 客户同意为项目提供的资源；
- 时间进度；
- 中期报告和交付成果；

- 对最终项目的认可。

费用和支付条款

一旦你确定了项目的价格，合同上的关键问题就是时间进度了。如果付款时间延迟，你会收取超时费吗？会有宽限期吗？对那些按完成百分比推进的项目，你必须确定可以获得付费的比率。

此外还应明确补偿费。这对于为了项目而需要长途旅行的咨询师来说尤为重要。如果你平时花费在飞机旅途上的时间是 5 个小时，那么这些时间是否需要补偿呢？一个好的经验法则是至少要补偿 50% 的时间，因为你也许还可以在飞机上工作。同样，在住宿费等方面，应该明确客户可以接受的成本类型和价格指标；万豪酒店（Courtyard Marriott）可能符合这种要求，但是四季酒店（Four Seasons）则可能没法达标了。在 M Squared 工作时，我们在南非做了几个项目，项目持续时间长达九个月，因此需要就差旅问题进行更多的协商。除了车船标准和住宿细节外，我们还就项目期间往来美国的行程次数做了约定。在项目开始前提供关于预期费用的更多信息，是降低客户可能对这些成本产生争议的风险的一种好方法。

相关方关系

如果你想作为独立承包人完成一个项目，那么你应该在协议中提到这一点。尽管在上一章我们讨论了独立承包人合规性问题，但这并不妨碍你阐明自己想成为独立承包人的意愿。你应该明确表示，作为一名独立承包人，你知道自己并不属于失业人员，你无法获得工伤赔偿或其他通常给予员工的福利。你可能还需要说明你已经查看了必要的保险范围，并且做出了是否选择保障方案的决定。我将在本节最后一部分进一步讨论有关保险的问题。

附加合同问题

之前讨论的问题可以体现在聘书中，这份聘书最好经由双方共同签字或确认。对于多页文档来说，成批地在每一页签上名字的首字母不失为一个好办法。

最高级的咨询师通常需要更详细的条款。下面的几项内容是合同中比较常见的，但是同样可以出现在聘书等非正式文档中。

知识产权

知识产权对咨询合同来说变得越来越重要。根据法律中有关“职务作品”的规定，作为员工，你的工作成果属于雇主。而作为自由工作者，除非另有约定，你的工作成果是属于你自己的。

很多客户会要求他们的咨询师放弃知识产权，这可以简单地通过将项目描述成职务工作来实现。此外，你可以明确声明将作品全部的所有权都授予客户。同样，你可以提供免费或收费的永久使用权，这样客户就可以共享你的作品了。

有些客户对知识产权的法律解释更为严格。一些公司，尤其是娱乐业公司会补充一条所有权道德条款，要求承包人不仅放弃所有权，同时也要放弃精神权利。我们在与迪士尼（Disney）合作时就遇到了这个问题。我记得自己当时对放弃精神权利的观点有点震惊。（实际上我觉得法律中有很多内容都让人震惊，包括独立承包人的定义。）我的律师向我解释道："假如有一名咨询师认为给米老鼠加上胡子是个好主意，而且这个创意可能会非常受欢迎，这一创意的市场推广会带来观众和收益的增加，但由于迪士尼拥有米老鼠的所有权，不论是谁提出了'小胡子'的创意，只有迪士尼有权对这个角色进行任何形式的展示。"因此，他们要求卖家主动放弃精神权利。如果你在企业中是负责创意的，那么你或许会遇到这个问题。在这种情况下，请务必咨询你的律师，这样你会明白所有权道德条款的意义所在。

保密协议

知识产权条款必然会带来保密协议（non-disclosure agreement，简称NDA）。许多科技公司都要求任何等级的员工和承包人签署NDA。我在为了本书进行研究而进入领英总部时也按要求签署了NDA。

NDA要求签署人不得向公司以外的任何人透露任何有关产权资料、商业秘密或专利的信息。很多人——特别是在加利福尼亚州——并不重视NDA，因为他们觉得自己是不可被强制的。这样有时是没问题的，但是一份精心设计的NDA可能是一种强大的保障，如果你的客户可以证明你蓄意破坏了协议，他们可能有权要求禁令救济、损害赔偿，甚至利润损失上的赔偿。

你在签署 NDA 后的风险受限于你对协议保护内容的认识，因此请务必真正理解哪些东西是被视为专有的，这样你才不会在不经意间违反任何条款。例如，客户名单常常被认为是商业机密。对于那些精通某一行业的人来说，协议中涉及的知识可能是你从其他地方获取的知识。因此，你应该和客户沟通，减小协议涵盖的范围，或者增加一些未包含在内的内容，确保不会出现意料之外的违规。

赔偿和纠纷

为了避免因糟糕的失败而带来的恐惧感，很多咨询师都会在合约中提出赔偿条款。最好的赔偿条款应该是针对双方的。在某些情况下你的客户是不会给你带来损失的，你也是如此。这些条款最好是根据法律规定而起草的，或者至少由精通合同的律师审阅过。

如何处理纠纷也是相关的条款之一。由于人人都想避免诉讼案件，仲裁和调解便成了典型的处理方式。在任何一种情况下，如果你签署了客户提供的合同，请确定其中提到了“有限证据”。求证牵涉争议信息的收集，这是法律诉讼过程中相当费事和昂贵的一个环节。它可能会以采访或笔录的形式出现（需要双方律师出庭，而他们都很昂贵）。如果取证是无止境的，那么申请仲裁并不会降低你的财务风险。此外，在你有所迟疑时，请先咨询律师，这样你就不必事后再咨询他们了。

仲裁是另一种解决争议的方式。我曾经和我的人力资源学生说过，仲裁的核心实际上是把钱花在解决问题上。这是一种通过使用受过训练的调停者来处理财务结算问题的方式。关于孰是孰非的证据和事实并不一定能对仲裁或诉讼起到重要的作用。这同样也不是我最喜欢的争议处理方式，但这可能是花费最少的一种方式，尤其适用于自由工作者。

我的律师曾经和我说过："合同就是一份有生命的文件。"请记住这一点。当你和客户协商各种要点时，你可能会发现需要重新考虑的漏洞或条款。每隔几年就修改一下你的合同是一种很好的做法。

自由职业者联盟（The Freelancer's Union）提供了一种合同生成器，可以让个人设计定制化的合同。毫不奇怪的是，这个工具是由自由职业程序员制作的，同时它的准确性也经过了自由职业律师的检验。

保险范围

任何合同的协商要点在于对风险的理解，应通过工具减少风险，并且根据你自己的风险管理容忍度调整风险的大小。这就是说，某些风险可以通过保险解决。如果你为自己的工作购买了错误与遗漏（errors and omissions，简称 E&O）保险，那么你可能就不需要赔偿条款了。E&O 保险也被称为职业责任保险，它对于咨询师的意义就好比医疗事故保险之于医生，这两类人都不应该出错，倘若不幸的事故发生，保险将承担相关责任。E&O 一般有两种类型：索赔发生制、事故赔付式。前者相对便宜一些，但是必须在触发索赔行为的事故发生前到位。而事故赔付式 E&O 保险综合性更强，也更贵。有些咨询师可能会有选择性地购买此类保险，特别是在项目影响力较大的情况下，即便低概率的索赔也会产生重大的负面财务后果。

无论人才提供者是否是独立的个人，某些客户公司都会要求其承担一些包括 E&O 在内的保险费用。针对需要使用汽车的项目，它们还会提出汽车保险的要求，这可以简便地添加到你现有的个人汽车使用条款里。请务必将这些额外的保险费用添加进你的业务支出。

比较棘手的问题是针对工作场所中发生的伤害事故的工伤补偿险。如果你因为将打印机从 A 处搬到 B 处而在工作场所受了伤，那么这是可以申报工伤补偿的。更重要的是，如果你在家庭办公室里忙于一个客户项目时患上了腕道症候群，你依然可以向客户申请工伤补偿。这就是为什么很多公司更倾向于使用那些拥有自己的工伤补偿提供者的咨询师，这样任何索赔都不会影响该公司的政策。

然而，作为单人公司，你并不需要承担工伤保险；美国大多数州允许你将自己排除在强制性工伤补偿项目之外。因此，这可能就是一个难题。

这个问题的解决方案之一是请一名专业的合作伙伴来处理你的雇佣和合同问题。MBO Partners 和人才波（TalentWave）等一些公司为咨询师们提供了一系列的服务。（我们将在第九章讨论这些方式。）对于不愿意在工伤补偿上让步的客户来说，就业咨询平台可能是最佳的选择。

财务框架

无论你的职能是什么，你都必须管理好工作上的财务问题。最基础的比如你需要向客户收费，收取款项，支付费用。或许对会计师之外的大多数咨询师来说，这是业务经营中最不受欢迎的一个方面，但是随着越来越多针对中小企业的产品被发布到云服务上，这一情况正在发生改变。这些产品可以让你设置一个基础的会计系统，以便跟踪你的收入和开销，计算利润、损失以及预估税费。当然，一旦你设置了自己的企业财务系统，那么与你的税务顾问或会计一起检验这个系统则不失为一个好主意。

会计簿（QuickBooks）可能是小型企业财务界里最大的竞争者。该公司现在为自由工作者们提供了一个名为会计簿自雇版（QuickBooks Self-Employed）的新版本软件。它的特点是可以在授权情况下查看你的银行账户交易记录，帮助识别可能与业务相关的费用。同样，FreeAgent. com 是专门为这一市场开发的产品。除了发票和财务报告之外，它还提供项目评估工具、时间跟踪功能以及使用智能手机上传和跟踪开销记录的功能。自由代理（FreeAgent）是一家英国公司，但它提供了美国市场版本。

除了这两家公司，还有许多产品可以为小型企业和独立专业工作者所用，如新账本（FreshBooks）、波涛（Wave）和轻会计（LessAccounting）等。亿罗财务软件（Xero）是一种基于网络的产品，它融合了 Timesheets. com，这是一种针对公司的计时和计费系统，但通常对自由职业者免费。（我将在第九章提供针对自由职业者的多种应用的简介。）

如果管理自己的会计系统的想法看起来令人却步，那么还有其他方式可供选择。你可以请公司或个人为你完成这些工作。同济网（Peers. org）是一个针对自由职业者的市场，为你提供了可以寻找这些资源的地方。

此外，你可以看看就业平台市场里的 MBO Partners 或 Talent-Wave 等公司。这些公司不会为你提供业务损益表，但你可以成为它们的雇员，这样它们就会处理所有有关发票、时间管理和档案的工作。它们也提供支出报告功能，并且还提供包括医疗保险、工伤补偿、E&O 保险和退休项目在内的福利。

如前一小节讨论的那样，如果你选择经营自己的事业，则需要购买保险，至少得购买 E&O 和医疗保险。如果你的工作空间并非你的住所，那么你可能还需要购买一般责任险。有些联合办公空间可能会要求你提供这类保险证书，因此请务必检查这些协议的细则。

其他重要工具

无论你是博主还是财务主管，为了保持作为一名咨询师的专业优势，你需要花些时间投资自己。你应该像企业一样建立自己的培训和发展计划。为了得到更多的业务你还需要哪些技能？你是否应该参加一些研讨会或交易会？对人力资源等专业人士来说，他们可能还要参加由重点行业协会推出的必须参加或推荐参加的继续教育项目。在这些项目推出的时候，很多人有了参加的想法，但他们并没有从长计议。最好是把这些机会看作打造你的智力资本、综合市场营销能力的机会，这样你可以获得更多战略性的视角，更好地理解哪些项目和哪些付出能够给你的业务带来最好的回报。

这对你的市场营销方案来说也是如此。你是否要参加一些从业务发展角度来看是社交好机会的活动呢？请在预算中考虑这些因素，不要忘了加上社交活动、市场营销材料、网站主机租赁、平面设计服务和协会会员费等费用。

技术手段是当今世界的另一种利好，你可以注册订阅，然后又忘记自己曾经订阅过这些东西。你一定有电脑、电话以及打印机的开销，但是你是否还在考虑购买其他服务？或许你需要调查猴子（Survey Monkey）订阅服务来为你执行研究工作，或是利用统计图表（Pictograph）制作博客上需要的信息图。相反，如果你需要其中的一项服务，你是否可以要求客户为此付费，或是从你的业务开销中支出呢？（你可能需要就此与财务顾问进行讨论。）你是否购买了领英专业版服务，还是一直在使用免费的版本？你是否打算从 Fiverr 网站上雇用网页开发者更新你的网站？你应该考虑所有的技术性花费，从而认清它们在业务中所占的成本。

工作环境

实体工作空间是员工体验策略的关键因素之一。因此，这同样应该成为你的单人公司员工体验的一部分。

毫无意外的是，由于联合办公空间和零工市场直接相关，随着零工市场的发展，联合办公空间呈现出了惊人的增长。2007 年全世界只有 75 家联合办公空间，而到 2015 年，联合办公空间的数量达到了 7 800 家。[2]技术性自由工作者数量的增长推动了共享办公空间的爆发式发展。

WeWork 市值 100 亿美元，是最大的新兴联合办公供应商，同时也是美国第四大房地产公司。它是零工经济力量下诞生的典型代表。房地产行业分析师表示，2001 年科技股崩盘后，长期联合办公公司雷格斯（Regus）损失了短期客户，无法为长期租赁提供资金，从而陷入了破产的境地。WeWork 在同样的经济模式下运营，但是现在自由工作者构成了它的重要业务来源。此前，短期租赁空间都是出租给销售部门或初创企业的，而它们在经济萎缩中都不堪一击。作为一个市场部门的非传统工作者的崛起、WeWork 的发展以及对零工经济和共享经济需求的认识，让它们的模式在经济不稳定时更具适应性。其成功激发了很多其他企业加入这一竞争。空间（Spaces）、定制联合办公空间（Bespoke CoWorking）和支点办公桌（PivotDesk）等联合办公空间可以按周或按月提供工位，从而为有需求的人提供了办公室感觉之外更多的东西。在旧金山郊区的米尔谷，有一家专门针对女性的联合办公空间海芙瑞（Hivery）。它将自己定位成一个女性可以在其中进行创造、展开合作、相互支持的空间，吸引了企业家、重返工作的母亲和婴儿潮一代的退休人士。

然而，你最好亲自考察一下这些不同的选择，找到最适合你的那个。我为本书所做的一次采访正是在旧金山的 WeWork 空间进行的。那是一个星期五的下午，我们坐在一张乒乓球桌附近。那里的气氛相当时髦和嘈杂，还有点儿令人分心，乒乓球在空中疯狂地飞来飞去，有几次差一点儿击中我。这种工作环境可能并不适合每一个人。同样，摆脱了破产厄运的 Regus 依然在大多数市场中运作着，现在它更像是一家公司，而且对某些人来说可能太过古板和乏味了。

共享办公空间的重要考量因素在于费用。表 8－1 对比了旧金山繁荣地段 SOMA（南市场）的几处空间。大多数供应商提供单日收费以及会议室租赁服务。Regus 则要求签订 24 个月的合约。如果你打算这么做，请务必检查所有的附加条款，了解全部的费用。

表 8－1　联合办公空间每月费用

办公空间	任意工位（单位：美元）	专属工位（单位：美元）	办公室（单位：美元）
Citizen Space *	200	425	未报价
Parisoma *	345	595	1 250
Regus **	未报价	342	798
Space Works *	340	510	780
WeWork *	220	350	400

注：*　2016 年 12 月 31 日网站上公布的旧金山南市场地区费率。

**　2016 年 12 月 31 日 Regus 发来的电子邮件里提供的南市场地区单人 30 天最低费率。

今天，联合办公设施所坚持的设计思路是在工作空间中融合多种选择，从而让员工达到最佳的表现。当你需要集中精力深入研究某一主题时，应该有一个精心设计的符合人体工程学的空间使你专心工作。大多数人为了减少干扰而偏爱与他人隔绝的私密空间。现在的建筑师和设计师为白天的工作设计了舒适的空间，但是这只是另外一种在办公桌之外阅读以及/或在笔记本电脑上工作的选择。照明是其中的关键，某些特定任务的区域需要足够的亮度。在支持不同活动的空间中，隔音功能也是非常重要的。重要材料的存储和获得让工作变得更有效率。

休闲空间也是一个重要的考察标准。大多数配置都提供了厨房和非正式的沙发。有些还有独特的游戏空间，可以提供从桌上足球到乒乓球再到弹珠游戏的任何体育娱乐游戏。

《哈佛商业评论》近期的文章指出，能够提升士气的另一项工作环境指标是色彩。脑力劳动者应该在工作时感到放松。而一个放松的环境应该是明亮且整洁，在视觉上比较简单的。鲜明的现代主义风格无益于工作，然而尽管如此，很多联合办公空间的设施还是都倾向于这种审美风格。[3]

如果你的工作环境就是自己家，你应该在设计工作空间或改造现有空间时考虑上述要点。请保证你的工作空间除了一张桌子之外，还有一把舒适的椅子或一张沙发。或许你无法重新给房间刷上令人放松的色彩，但清理空间会起到一些帮助作用。你要弄清哪种程度的噪音会影响到你；有些人需要持续不断的音乐，而其他人则更喜欢安静。隐私也是一个相关因素。你是想在一个生气勃勃的家庭环境中工作呢，还是更愿意在努力工作时离群索居？

另外一个问题是，作为一名个体从业者，你需要经常与他人会面吗？如果你想与他人合作，那么可以在哪里进行这种私人的会面呢？和许多企业家一样，我在楼上的卧室里创建了自己的公司 M Squared。（实际上我不得不关上房门，用这种象征性的方式证明自己正在工作。）由于我与客户和咨询师的会面变得越来越多，咖啡、午餐和停车的费用也开始增加，这迫使我们租用了办公空间。那是 25 年前的事了。在今天，通过液态空间（Liquid Space）等共享经济服务公司可以很方便地找到会议室，这让租用传统办公空间或联合办公空间的决定变得和以前有些不同。如果一个人每月只需要使用几次会议室，那么每次 75 美元的费用则比花四倍价钱租用办公室或联合办公空间的工位更划算。

最终你需要考虑所有这些选择，判断哪种办公条件更适合你。这样你就可以为自己打造适合自己发展的最佳环境了。

公司文化

对很多咨询师来说，成为自由工作者是生活方式上的一种选择。成为自由工作者的原因，部分是出于掌控自己的生活以及打造灵活且回报丰厚的职业生涯的意愿。从定义上看，这是具有一定文化内涵的。尽管你为客户的项目工作得十分辛苦，但你可能就是想这样，或者至少你想按照自己的方式来工作。支持你这样工作的精神正是你所在的单人公司的公司文化。

“重要时刻”（moments that matter）是今天有关员工参与的一个重要理念。不同类型的公司都在尝试和员工一起庆祝这些重要时刻，例如婴儿出生这样的家庭事件，或是购置新居的人生里程碑式事件，抑或重大升职这样的职业生涯事件，等等。在这种情况下，你可能会想到自己的个体企业。哪些时刻对你来说是重要的呢？

它或许是你想要庆祝事业发展的时刻。当我在青年企业家协会时，我的一名企业家伙伴每实现一次收入上的重大里程碑事件就会为自己买一款珠宝。（她从 300 万美元跨越到 500 万美元时买的那款珠宝非常好看。）无论你是在收入、客户数量还是工作年份等方面达到了里程碑式的进展，你都没有理由不对自己的进步做出类似的肯定。

这里的关键在于以公司的名义庆祝你的成功。这是你公司文化的一部分。即便一人公司也可以有自己的文化。你的公司文化是正式的（例如朝九晚五），还是更加自由、根据每天的情况而定的？你在打造品牌的过程中定义了核心价值。如果其中一项涉及社区服务，那么这将如何体现在你的公司文化中？你是否会将自己的一部分利润捐赠给慈善机构，或是向社区贡献自己的时间和专业技能？

相反，由于你掌控着自己的时间，你不能将所有时间都用在工作上，你是否应该采取措施来保证兑现上述文化呢？一定会出现需要你埋头苦干、持续工作直到完工的情况的。（顺便提一下，写书就是这样的。）但是每天工作 16 小时对大多数人来说都不是一种稳定的状态。出于自身精神健康的考虑，你应该在日程安排里加入一些锻炼、会友、打高尔夫的休闲时间。如果你的日程表上写着上午 7 点到 9 点应该在健身房，那么你就不能将与客户会面的时间安排在上午 10 点。有时你可能需要重新安排健身时间，但是很多情况下你都不会这么做。

请做出明确的时间安排，不论是你的私人时间还是用在社区上的时间，这些都会提高你的工作的影响力。即便这种影响力是无形的，你也会得到更多的支持。此外，当你引入其他自由工作者来协助你完成大型项目时，你对自己的业务则会有更多的发言权。我的工作不仅是我一个人、一台电脑和一部电话。我正在打造一个工作环境，让我能够有出色的表现，为客户带来更多的价值，并且服务于我的社区。

就算是一人公司也有自己的文化。

本章要点

- 为了给自己创造最佳的员工体验，你需要恰当的工具、工作环境和文化。
- 了解典型合同的哪些条款对你来说是重要的，是创建可以灵活应用在工作上的合同框架的第一步。
- 咨询师需要用财务框架来帮助他们有效地运营业务。

- 为咨询师提供薪资服务的公司平台，可以为那些希望简化运营过程的人分担部分企业运营工作。
- 你需要打造一个能够让你发挥最佳水平的办公环境。
- 你可以选择联合办公方式，通过租用办公空间来满足自己的需求。
- 考虑一下，为了保证业务充满活力并对你有意义，你希望为自己的企业文化添加哪些要素。

注释

1. 2016 年 11 月 1 日雅各布发给作者的电子邮件。

2. Solo City 2016 Report, p. 14.

3. Sally Augustin, "Rules for Designing an Engaging Workplace," *Harvard Business Review*, October 2014.

第九章

零工经济的生态系统

THRIVING IN THE GIG ECONOMY

“我们全靠自己齐聚一堂。”

——莉莉·汤姆林（Lily Tomlin）

第九章 零工经济的生态系统

作为一名独立咨询师和企业主，你只能靠自己。如我在第四章中所说的那样，你是一座孤岛。而你并不是一座未知的岛屿。和那些停满游艇、渔船、私人飞机和水翼船的希腊岛屿一样，你还有一个可以为你提供各类物资、游客、信息以及各种支持的生态系统。从帆船到小型直升机，其中的竞争者各有不同。你需要了解它们的细微差别，判断哪些适合你，最大程度地利用好这个生态系统。

你可以把业务运作的很多部分都外包给公司和个人。同样，作为一名独立的自由工作者，有许多公司、软件包、网站和技术平台可以让你的生活变得更加便利。需要澄清的是，这其中不包括你可以从中觅得业务的数字人才平台。让我们从就业服务平台的顶端开始讨论吧。

就业平台

如果你不想经历自己创业的麻烦，那么通过就业平台来工作也是可行的。除了入门指导和供应商历史外，这其中还有很多重要的差异需要领会。

这个行业中有许多类似 MBO Partners、WorkMarket 和零乱公司（ZeroChaos）的竞争者。许多竞争者（即使不是大多数）都致力于为客户解决独立承包人合规性问题。它们希望确保那些我们在第七章讨论的就业风险不会给客户带来麻烦或处罚。有些公司专注于客户公司，而不太在意工作者。它们在自由工作者合规性评估之外还提供了犯罪背景查验、法律制裁或待查风险清单检查、药物测试以及信用验证等服务。它们认为自己是名义雇主（employer of record，简称 EOR）公司，不论是因为预算、人员数量限制，还是管理难题，只要客户不愿雇用某些工作者，它们就将承担起这些工作者的雇主责任。

如果你已经选好了就业平台，或者正在主动寻找自己的就业合作伙伴，那么请找那些同时提供咨询师解决方案的公司。MBO Partners 是这一领域的领先企业之一，部分原因在于该公司在创立时就已经考虑到了工作者的需求。实际上，“MBO”意指它最初的名字“我的业务办公室”（My Business Office）。该公司创立于互联网早期发展阶段，那时新技术的出现会给劳动力市场带来巨大影响。和其他竞争者不一样的是，MBO Partners 当时吸引了那些想要在网上开展独立工作的工作者们。

今天 MBO 为自由工作者们提供了综合性的系列服务。你可以选择最适合你的体系，如果你打算组建公司，你还可以优化你的业务体系。MBO 非常精通这一市场，它可以提供适用于个体经营者的服务，也能够为专业公司打造定制化的服务。另外还有以下一些服务：

- 名义雇主；
- 高达 1 000 万美元的责任保险；
- 合同审查和行政服务；
- 自动向客户上报你的工作时间；
- 通过直接存入的方式发放税后工资；
- 费用合规性审查和处理；
- 1099 非雇佣税收表格的季度税务管理或公司收据服务；
- 税收优惠渠道，包括个人 401K 计划。

顺带提一下，普华永道数字人才平台使用 MBO Partners 的服务来验证申请成为会员的自由工作者的就业状态。申请过程包括针对个人咨询服务特点的调查。调查结束后，申请人会被告知其主要工作是什么。

TalentWave 是这一领域的另一个竞争者。尽管它更注重公司客户业务，它也为咨询师提供专门的服务，内容包括协助准备工作项目说明书，与客户一起提前审核希望按非雇佣关系获得薪酬的独立咨询师，提供医疗保险福利、快速付款以及合同管理等服务。

Collabrus 是我在 20 多年前创建的一家管理承包人合规性问题的公司。我们开办这家公司是为了给 M Squared 的高级咨询师们提供一个雇主，因此我们考虑到了他们的需求。公司提供一些针对性的福利，包括一组健康保险计划、一份匹配的 401K 计划、低价 E&O 保险、通勤福利以及 125 号计划（该项计划允许对部分医疗和儿童保健开销实行税前减免）。

上述清单并不详尽。它想要告诉你的是，如果你有就业平台方面的需要，那么你可以有很多好的选择。

得到福利和服务

如果你决定独立工作，那么没有必要从零开始。有很多网站可以为你提供帮助，协助你得到丰富多样的福利。以下是一些这样的网站。

自由职业者联盟　这是为支持自由工作者而开办的首批网站之一，它通过政策社群向工作者们提供支持。自由职业者联盟网站表示："我们通过政策行动、研究和思想领导力给自由工作者提供强大的发言权。我们的目标是让独立承包人得到足够的权利、保障以及专业化的福利待遇。"[1]其中的福利包括：

- 健康保险、眼科和牙科保健项目；
- 包含了 401K 养老金转存项目的退休福利；
- 针对自由工作所需常规服务的折扣，比如来自会计公司、美国政府雇员保险公司（Geico）、方形空间（Squarespace）网站主机服务和活力车（Zipcar）共享汽车等服务的折扣；
- 帮助解决客户未付款的问题。

自由职业者联盟也提供我在第八章中谈到的定制化合同工具。

另外，值得一提的是，该机构会协助处理客户拖欠费用的问题。多年来，它为客户提供记分卡，让会员给其客户打分，尤其是针对及时付款这一问题。对自由工作者来说，客户不付款是一个大问题。纽约市最近通过了一项《自由职业不免费法》（the Freelancer Isn't Free Act），其中规定自由职业者应在合同规定的日期内或工作完成后30日内获得报酬。该法案同时还禁止因为采用快速付款方式而在支付金额上打折扣的行为。[2]

Peers. org Peers是另一家非营利性支持机构，它提供自由工作者所需的资源。它的使命是帮助共享经济中的工作者，为这些人提供AirBnB列表管理、共享房屋或汽车的远程钥匙交接、共享房屋门房等特别的服务。它同样还为零工工作者提供一些可用的服务：

- 医疗保险，包括牙科和眼科保险；
- 人身保险，包括伤残险；
- 退休金储蓄项目。

Peers还汇总了零工经济和共享经济的网站。通过Peers，你可以按共享出行、房屋服务、家庭住宿、技能和人才、教育、护理、杂物与清洁，以及专业/自由职业等分类访问所有种类的人才网站。

Stride Health 跨越健康（Stride Health）是旧金山一家诞生于2014年的健康保险信息平台。它向那些为自己和家人寻找合适的保险计划的自由工作者提供推荐引擎。它与优步、邮递伙伴（Postmates）和任务兔子等多种按需平台合作，从而确保服务能够覆盖自由工作者群体。它用自己的算法预测客户的健康保险费用，然后在网络上进行搜索，找到满足价格和功能需求的最佳选择。他们表示，每次搜索只需10分钟。

Alliance Direct Benefits 直接福利联盟（Alliance Direct Benefits）是一家专门为小企业及其员工的家庭提供支持、教育和医疗福利的非营利机构。它已经运作了近40年，现在也为自由职业者和自雇人员提供服务。这并非一家保险公司，尽管它是一个会员制机构，但鉴于其规模，该机构同样可以实现购买力杠杆的作用。换句话说，作为个人，你可以得到团购价的医疗保险、旅行折扣或法律服务。

邦克保险 邦克保险是一个错误与遗漏保险平台。（有关该项保险的目的我们已经在第八章讨论过了。）该平台为根据客户要求而有该项保险需求的自由职业者而设。相反，它同样服务于客户端，为其处理必要的合规性跟踪问题。该平台由拥有15年经验的资深保险人士查德·尼斯克创办，他发现传统保险市场无法让自由咨询师以及/或他们的客户得到咨询合同所需的快速且高效的保险服务。邦克平台开创了合同相关的保险市场，为自由工作者和他们的客户解决了这方面的问题。

Honest Dollar 诚银（Honest Dollar）为自由工作者提供了

退休保障，如 IRAs、Roth IRAs 和 SEP IRAs*。这一平台还提供一个便于为账户积累资金的退休应用。它尤其受到自由工作者的欢迎，对于那些希望为他们所部署的自由工作者提供退休保障的客户，它在某种程度上创造了一种退休产品。客户愿意通过 Honest Dollar 系统来支付自由工作者的薪资，它让自由工作者们可以将收入的一部分用于专门的退休保障。2016 年春天，就在 Honest Dollar 因此得到媒体关注时，高盛（Goldman Sachs）收购了这家位于得克萨斯州的公司。

Ubiquity 处处在（Ubiquity）是位于旧金山的一家金融科技公司，它专注于为小型企业和个体经营者提供退休保障服务，或者如其网站所言，它服务的是“另外 4 000 万人”。[3]该公司拥有名为“single（k）”的个人 401K 计划。它的费率固定，并且可以在线进行设置。Single（k）让自由工作者能够为退休保障做出更多的投入，并且最终可以被纳入 IRA 或 Roth IRA 等个人退休账户。

业务服务和应用程序

有许多工具和服务可以让你的自由工作者生活变得更加轻松。在为本书进行调研时，我在 Survey Monkey 上完成了一次自由工作者调查（如图 9－1 所示）。我想了解他们对以自由工作者

* 这三种都是美国个人退休账户类型。——译者注

身份经营业务的利弊的看法。我只收到了不足 100 条回复，因此这不算是一个大样本，但是足以让我了解他们的倾向了。出人意料的是，他们对自己的“职业”最喜欢的一点是客户工作。同样，创造思想领导力这一点也得到了高度的评价。他们不喜欢的是会计和收款、市场营销，当然还有销售。

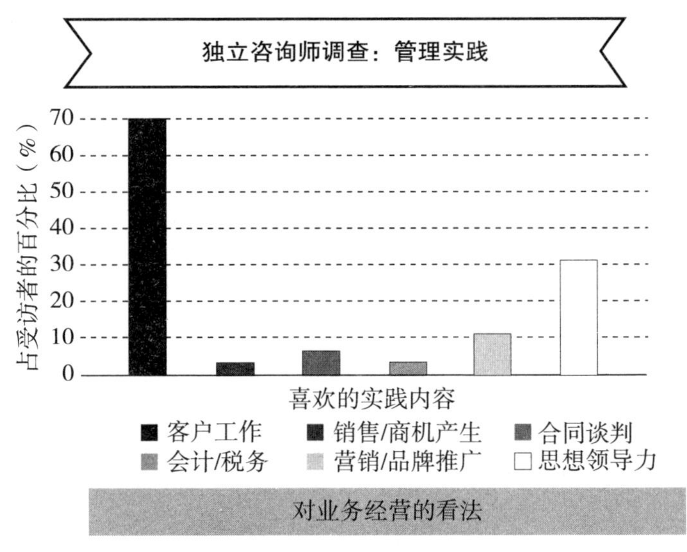

图 9－1　独立咨询师调查：管理实践

如同我们在第八章谈到的那样，很多工具和服务能帮助你完成财务工作。此外还有一些服务可以帮助你完成其他领域的工作，如合同管理、生产力管理、传播和社交媒体等，甚至还有专门针对自由职业者的销售管理系统，可以帮助你跟踪商机、等待交易和管理交易。在这个不断创新的世界里，任何事物都可以有自己的应用软件，我无法列出所有的应用，不过表 9－1 提供了一些最热门的以及/或者正面评价最多的应用。

表 9–1 面向自由工作者的工具

获得零工工作	工具
销售管理	Insightly, Capsule CRM, Streak, ContactMe, Desktime, Funnel
提案申请	Proposify, BidSketch
社交媒体	HootSuite, Buffer, TweetDeck, Tweriod, Buffer App
完成零工工作	
项目管理	Asana, Podio, Trello, Wrike, Freedcamp, Vorex
时间跟踪	Timely, Harvest, Toggl, Freelancy, HubStaff, Cushion, Timesheets. com
生产力管理	Teux Deux, Wunderlist, NowDoThis, Helium, Focus-Booster
获得酬劳	
会计	Fresh Books, QuickBooks, Wave, Zoho, Paymo
费用管理	Shoeboxed, Expensify, Xpenditure
合同/法务	Bonsai, Shake, W9 Platform

社群

有很多方法可以为你的独立工作生活方式打造社群的感觉。就像我在上一本书里所说的那样，自由咨询师作为一种职业的兴起正好同步于星巴克咖啡的显著增长，这并非一种巧合。对很多人而言，星巴克替代了办公室饮水间，成为一个可以与他人会面、与同事交流、召开团队会议的地方。任何一个在下午两点走进星巴克或其他咖啡屋的人都会好奇："这些坐在电脑前的都是些什么人?"答案是这里的很多人都可能是零工工作者。

专业协会和民间组织可以为你的职能或专业带来社区氛围。联合办公空间同样提供了人与人之间一定程度的连接。例如，在 WeWork，办公室租用者被称为会员，这里有许多会员活动，比如夏令营。Hivery 是加州米尔谷的一个联合办公空间，它位于旧金山的市郊，是专为女性开办的社交空间。这家办公空间为会员提供多样化的活动，如写作工作坊、企业家圈子、周一冥想等，所有的活动都旨在创造一种社区的氛围。[4]同样，如果你能够承担办公空间的费用，那么这种社区氛围可能会给你带来更多好处。

最后值得一提的是，还有一些专门针对自由职业者以及/或自由工作者群体的网站和博客。它们提供了吸引自由工作者的有趣话题，例如怎样才能应对欠款客户，如何用非常规方法找到客户，以及可以谈生意的最佳咖啡店等。

数字人才平台 Upwork 上有一个自由职业者 100 强网站链接。由于内容太多，Upwork 将这个清单分解成了顶级网站清单，并且以最适合平面设计师、插画师和动画师、软件开发者、独立网页设计师、博主、独立写作者、文案和营销、社交媒体以及专业博客博主等职业为标准对这些网站做了进一步的划分。[5]你可以选择最适合你的那些，了解如何更好地管理自己的业务的小窍门。

本章要点

- 就业平台提供了发票、收款和扣税等服务，从而简化了你的业务运营工作。
- 不少实体可以为独立承包人提供医疗福利、退休金项目，以及/或责任保险等服务。
- 目前有许多针对自由职业者市场的工具，它们可以让会计、市场营销、时间管理等一切事务都变得简单些。
- 如果你能承担相应的费用，联合办公空间可以为你提供多种类型的社区体验。

注释

1. Freelancer's Union website, *www. freelancersunion. org/about/*.

2. Lucy Lupion and Jill Rosenberg, "Statutory Protections for Freelance Workers: New York City Paving the Way for a New Category of Worker?" JD Supra Business Advisor, November 3, 2016, *www. jdsupra. com/legalnews/statutory-protections-for-freelance-40459 /*.

3. Ubiquity website, *www. myubiquity. com/educate/*.

4. The Hivery website, *www. thehivery. com/events/*.

5. "Top 100 Freelance Blogs," Upwork website, *www. upwork. com/blog/2009/04/top-100-freelance-blogs/*.

第十章

零工经济的未来（一）：政策和政治

THRIVING IN THE GIG ECONOMY

“预测本就不易，预测未来更是难上加难。”

——尼尔斯·玻尔（Niels Bohr）

第十章 零工经济的未来（一）：政策和政治

对于零工经济活动本身和它的规模，许多相关报道都做出了不同的定义和估测，但它们都有一个共同点：它们认为独立工作的趋势将在世界范围内兴起。麦肯锡全球研究所的一项研究表明，未来自由劳动力市场将以每年 18% 的速度增长。麦肯锡全球研究所认为，这种发展部分归因于数字人才平台上的风险投资额从 2010 年的 5 700 万美元增长到了 2014 年的 40 亿美元。[1] MBO Partners 的研究表示，到 2021 年，美国自由工作者的人数将增长 16. 4%，占美国非农业劳动力人口的 41%。[2]国际猎头巨头任仕达（Randstad）的预测更为大胆，其认为 2025 年超过 50% 的劳动力都是非传统工作者，或者说都是灵活就业者。[3]

这种增长是一种全球化现象。全球范围内非传统工作安排的增长程度是麦肯锡全球研究所的一项重要发现。不仅在美国，在大多数欧洲国家，至少四分之一的人口以某些方式参与了这种非传统工作，参与率甚至比研究者预计的要高得多（如图 10 – 1 所示）。[4]

同样，非传统工作者涵盖了各个领域，从中国的共享出行服务滴滴快车到澳大利亚的 Expert360 咨询平台，还有大量提供专

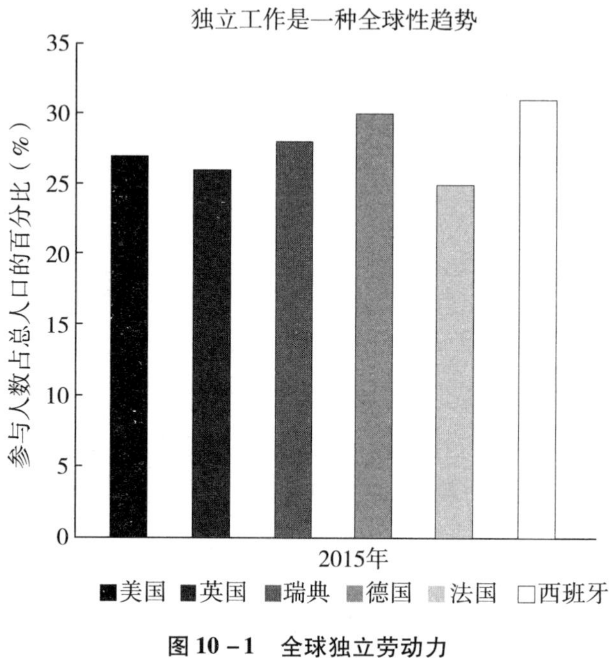

图 10－1　全球独立劳动力

业资源金字塔上不同等级服务的数字平台。此外，Fiverr 等许多美国平台都拥有全球化的工作者网络。确实，现在很难在 Fiverr 上找到美国的初级程序员了，因为他们要和发展中国家收费很低的竞争者竞争，这些竞争者通常会以非常低的价格竞标。

这种世界性的增长缘于一系列因素，包括科技、人口趋势和劳动力赋权等。科技无情地重塑了我们的生活。在过去 20 年里，我们目睹了互联网、社交媒体和移动通信指数级的增长。但在劳动力自动化软件公司 WorkMarket 的首席执行官斯蒂芬·德威特看来，云技术的到来加速了劳动力市场的这些变化。由于可在云上添加新的服务器，平台的处理能力不再受到限制，我们能够开发算法来匹配从基因序列到专门人才的任意数量的参数化问题。这对于大多数婴儿潮一代来说是很难理解的。当我以一名在模拟世界里开启职业生涯的数字世界公民的身份撰写这本书时，我依然对那些粉红色的“当你外出时”电话留言条、哑终端和美国网景公司（Netscape）记忆犹新。但是 X 一代和千禧一代并没有这样的工作经历。对于这样的工作群体来说，科技发展就是生命的一部分，它意味着对新方法的接纳，而其带来的结果也更易被采纳。实际上，从 20 世纪 90 年代起，旨在帮助大多数婴儿潮一代工作者适应新技术的密集型变革管理项目成为很多咨询公司的大生意。而现在，公司里的人大部分都是千禧一代，变革管理被四小时的培训课程取代了。目前云上的创新都是即插即用型的。

同时，劳动力的组成结构也在发生着变化，这迫使公司考虑采用不同类型的工作人员。每天都有一万名婴儿潮一代的工作者退休，这样的事实让一些行业受到了比其他行业更大的冲击。[5]韦恩·卡肖是科罗拉多大学全球领导力项目罗伯特·雷诺兹主席和人力资源管理协会（Society for Human Resource Management，简称 SHRM）前任主席，他指出很多公共设施在架线工的操作中受到了不成比例的影响，由于新的工人并不具备前任的丰富经验，这可能意味着他们需要更多的时间才能修好暴风雨后倒下的电线杆。在这种情况下，公司需要在传统市场和非传统市场以及自由工作者市场中寻找新的工人。

独立工作的形式得到了越来越多的采用，这种现象赋予了工作者权利，让他们对自己的工作有了更多的掌控。麦肯锡全球研究所和任仕达等不同行业的研究表明，对以项目为基础的工作的渴望在不断增长，主要因素在于灵活性和掌控力。政府同样注意到了这一点。在最近的一次演讲中，美联储理事莱尔·布雷纳德（Lael Brainard）指出，对灵活性的渴望是零工经济发展的重要催化剂。[6]新型工作模式和相关科技让个人能够更加轻易地按他们每周想要的工作时间进行工作。对那些能这么做的人来说，这可能会减少他们的工作时间；而希望工作时间超过每周 40 小时标准的人则会增加自己的工作时间；对那些偏好完全灵活的工作模式的人而言，他们的工作时间则会更加不确定。

这种发展将影响我们的经济。与就业法律相关的法律和监管框架的变革势在必行。自由工作者的社会安全保障也是需要解决的问题。为了能够从独立劳动力市场得到最大的利益，公司也需要以不同的方式调整组织架构，这意味着我们的教育体系也将随之发生变化。最终，个人只有了解了所有这些变化才能适应新的环境。更重要的是，尽管如此，他们还需要以不同的方式管理自己的职业生涯，从而在这个不断演进的市场里取得成功。想要洞悉未来似乎有些强人所难，因此我将在这一章从政策意义开始讨论。（第十一章会讨论为了在零工经济中繁荣发展，我们将在商业和自由工作者这两个方面做出怎样的准备。）

我想在这里声明一下。由于有关零工经济的全新研究层出不穷，本书的很多部分写起来都非常困难。也就是说，在描述一个不断变化的事物时，想要做到全面和准确是很不容易的。没有什么比本章提出的未来和政府政策更能反映该问题的某些维度了。

不仅我们对与预测相关的事物抱有常见的不确定感，2016 年美国大选出人意料的结果产生后，我们所处的环境也变得更加混乱了。接下来我会引用各方专家对特朗普政府管理下的人才市场的预测。如果你在多年后读到本书，请把这当作历史性的（或可笑的）轶闻吧。

市场全局

我们正处在一个已经出现了新型工作模式的时间点上，它有可能会带来彻底的改变，但是政府和社会并没有跟上变化的节奏。与此同时，零工经济遭遇了相当大的压力，优步司机的就业状态受到了如此多的关注，政界和商界人士不断提出美国就业市场的问题。没有任何当权人士会将非传统工作的增长和传统工作增长率的下降联系起来。我发现有趣的是，很少有人试图在整个“工作”图景中加上非传统工作，迄今为止还没有人这么做。

问题的部分原因同样来自语义。德勤咨询公司（Deloitte Consulting LLP）的经理、《强势时代》（*Powerful Times*）的作者埃蒙·凯利认为，就像人们希望将共享经济等同于零工经济那样，在工作中也有类似的问题。他指出，美国人彻底将工作（work）等同于职业（job）了，但是工作的内涵远比职业丰富得多，或者更精确地说，这里的职业实际上是“规律性的全职工作”。[7]标准产业分类代码（SIC codes）和其他职位分类系统描述的不再是今天完成的工作。工作包含了兼职工作、自雇工作、零工工作、志愿服务等各种各样的事务。

韦氏字典将工作定义为“一种人们在其中发挥力量或能力去完成或执行某事的活动”。[8]实际上，在其引述的全部 11 条定义中，从未出现过“受雇”（employment）一词。工作（work）并不等同于职业（job）（如图 10－2 所示）。

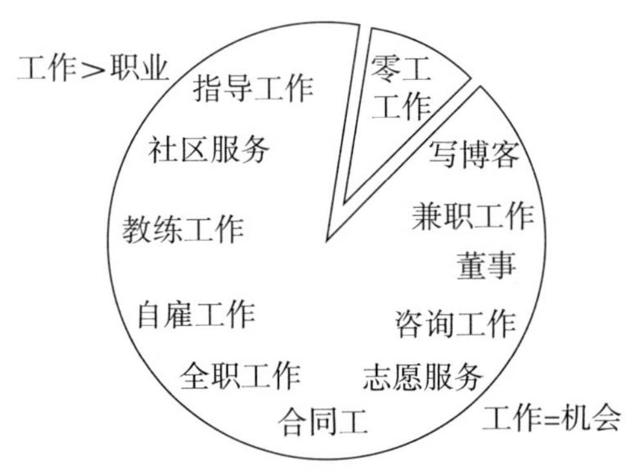

图 10－2　工作（work）≠职业（jobs）

令人遗憾的是，社会架构对雇佣关系的依赖造成了对职业而非工作的关注。大多数人没有意识到的是，就业带来的好处其实是最近才出现的。它可以追溯到《底特律条约》（Treaty of Detroit）——1950 年，美国汽车工人联合会（United Auto Workers' Union）同意签订长期合同以换取综合福利计划。该项目非常成功，被其他大型企业用来建构它们的劳动力结构。从那时起，医疗和退休福利向受雇劳动群体的延展成为许多人的期望。

雇佣关系同样涉及从工资工时法、退休法规、雇员退休收入保障法案（ERISA）到医疗和福利法规等一系列法规。毫无意外的是，由于政府部门不愿相互合作，雇员（employee）的定义在这些法规中各不相同，因此其中的一些规则无法应用于所有类型的工作者。如同《引领工作》（*Lead the Work*）一书作者们贴切的表述：

> 有趣的是，现有劳动法规涉及的许多问题在自由工作者世界中并不太重要。显然，诸如工作时间过长、不公平的休假政策和随意解雇问题，对于可以自己决定工作内容和时间安排的自由职业者来说没有什么意义。在大部分工作都是虚拟化的前提下，很多工作通常都是在自由工作者自己选择的地方完成的，因此不安全的工作条件和歧视问题也不太可能成为他们的问题。[9]

从长远角度来看，我们期望政策制定者能够赶上全新工作方式的趋势。同时，这也是我们在宏观经济方面所期待的。

独立承包人法规

一连串有关优步司机的法律诉讼引起了人们对涉及独立承包人和雇员分类问题的鲜为人知的就业法的关注。如同我们在第七章中讨论的那样，这一领域的法规是模棱两可、不合时宜的，它需要经过修订才能反映和推动当代知识经济的发展。现在已经有人提出了一些可以将当前就业结构合理化的方案。

布鲁金斯学会（Brookings Institution）的汉密尔顿项目（The Hamilton Project）汇聚了经济和商业领域的思想领袖，他们研究和推动提案，促进美国实现在发展机遇和繁荣发展上的承诺。2015 年 12 月，该项目发布了由康奈尔大学（Cornell University）塞思·哈里斯（Seth Harris）教授和普林斯顿大学（Princeton University）艾伦·克鲁格（Alan Krueger）教授共同编写的《为了 21 世纪的工作推动劳动法现代化的提案：“自由工作者”》（A Proposal for Modernizing Labor Laws for Twenty-First Century Work: The “Independent Worker”）。作者指出，全新的数字人才平台创造了中介的角色，让这些平台上的就业者成为既非雇员也非独立承包人的参与者。这在很大程度上是因为中介的持续成功取决于这些工作者。在雇佣（employment）的其他定义里，工作者的努力是保持公司业务持续发展的关键，与此不同的是，在数字平台世界里，中介和公司都依赖于这些工作者。[10]

这份自由工作者提案试图抹去雇员和自由工作者之间的差别。作者指出，现有法律的不确定性导致部分用人公司为了减少雇主的义务而滥用独立承包人的身份，从而造成了劳动力市场的扭曲。同样地，那些不愿意被当成雇主的中介机构并没有为自己的平台用户提供可以提高市场效率、为自由工作者带来真正价值的功能。

提案呼吁中介为工作者们提供集中式的服务，以便他们能够以团购价格得到福利项目，让他们能够负担得起作为自由工作者的生活。平台中嵌入的支付技术可以从工作者的零工收入中扣除附加费用，从而简化这一流程。此外，这些技术能力同样可以让这些平台为自由工作者提供税款抵扣支付功能，这将大大减轻工作者的管理负担，提高他们向政府纳税的意愿和速度。（如同我在第七章所说，由于涉及税务问题，立法者们应该会喜欢这个想法。）其他条款包括将民事权利上的保护拓展至自由工作者。目前，任何类型的独立承包人、自由职业者或自由工作者尚且不具备提出有关性别、年龄、残疾的反歧视诉讼权利。最后一项条款要求把集体谈判权拓展到自由工作者群体。

作者认为，对于这项提案国会应该考虑立法，修改联邦法律。由于现有的法律非常低效，并且以不同的方式应用在不同的领域［比如美国职业安全局（OSHA）对雇员的定义就与美国国税局（IRS）的不一致］，由国会来制定可以统一解决所有这些问题的综合性法案才是最有效的变革方式。

尽管该文件最初发表时得到了很多支持和批评意见，但它在2016年的立法中却没有任何进展。然而这依然为未来可能采取的行动规划了蓝图。

另一个有趣的模式是MBO Partners提出的“自雇工作者认证”（Certified Self Employed Worker）称号。它的构想是，在缺少明确分类指导的情况下，可以实施认证程序来确立工作者的自雇独立承包人身份。作为对这种称号的回报，工作者应自愿放弃雇员通常享有的权利。这个程序类似于许可授权过程，并由美国联邦中小企业管理局（Small Business Administration）监督。一旦获得认证，该称号将持续三年时间，到期后将通过更新程序延长称号的使用时间。同样，这一想法依然没有取得任何立法上的进展，但它现在被当作了另一种商业模式。

政治预测的水晶球

人们就特朗普政府将在独立承包人问题上采取怎样的行动做出了很多预测。美国前劳工部部长、现任交通部部长赵小兰（Elaine Chao）是这些法规合理化的倡导者。最近她表示："很多政府的工作场所法规都是在工作者一生的大部分时间都投入在同一个机构或职业的时代建立的。而现在已经不是这样了。因此，我们可以问一问，过去由大政府为大企业设立的这些管理解决方案现在是否适用于流动性强、具有弹性、拥有大量喜欢独立安排自己工作的工作者的点对点经济模式。"[11]

在最近的一次网络会议上，劳动力自动化软件公司WorkMarket的联合创始人杰夫·沃尔德（Jeff Wald）发表了有关特朗普政府对按需经济的意义的预测。[12]他指出，一些法规，尤其是那些2010年奥巴马特别工作组制定的旨在解决独立承包人错误分类的法规可能会被终止或停止执行。此外，他认为特别工作组会被立即解散，这意味着近期的合规性行动会变得更少。

前任美国国家劳资关系委员会（National Labor Relations Board，简称 NLRB）董事成员，现任佛罗里达国际大学（Florida International University）法学院院长亚历山大·阿科斯塔 （Alexander Acosta）被提名为特朗普政府劳工部部长，但这并没有指明任何明确的政策方向。 在媒体看来，阿科斯塔是一名终身共和党、称职的经理和职业公务员，因此我们只能假定他将进一步推动总统的议程，以减轻监管上的负担。 当然美国劳工部应该裁减的监管规定更多。

在 2018 年的预测上，沃尔德认为长久以来工作者分类上的问题会出现一些变动。 特朗普政府希望简化这些复杂的问题，然而约束独立承包人合规性的规则不可能是一件简单的事。

新政府还将有机会任命一位新的美国国家劳资关系委员会委员。 美国国家劳资关系委员会近期的一项决议提高了公司雇用临时工或零工工作者的风险，给人力资源行业带来了负面影响。 新任命的委员可能会推翻这个决议，这对临时工猎头和专业猎头公司来说是件好事。

最后，由于这是一个复杂的问题，税收改革有可能要等到 2018 年才能展开。 此外，出于简化的考虑，新的税收政策可能会取消许多企业减税条款，而这些条款曾经一直是自雇咨询师的支柱。 也就是说，从现在起到那时将会发生很多事情。 是时候搭上政策的顺风车了。

社会安全保障

人们对于零工经济发展最大的担忧莫过于提供给员工的福利待遇。这不仅包括医疗保险和养老金，还包括带薪假期、最低工资、病休、团聚假和工伤保险等。

对于专业金字塔顶端的那些自由工作者来说，上述很多问题都不重要；成功的自由工作者获得的收入足以让他们实现自己的个人安全保障。然而，对于初入零工工作世界的工作者以及少部分出于自愿不这么做的人来说，这个问题至关重要，必须在社会和政策层面上得到解决。这一领域的专家认为很多低端技术工作者可能无法在这个新兴的工作领域里取得成功。目前已经出现了一些全新的模式，它们或许能够为任何自由工作者提供所需的支持。

2015 年 11 月，38 名杰出的科技企业家、风险投资人、学者和政策制定者［包括关爱网（Care. com）和来福车的创始人，Handy、Peers. org 和 Instacart 的首席执行官］联合发布了一封名为《自由工作者的共同基础：为所有类型的工作提供稳定且灵活的安全保障的原则》（Common Ground for Independent Workers: Principles for Delivering a Stable and Flexible Safety Net for All Types of Work）的公开信。他们一致表示，工作已经彻底地发生了变化，很多非传统工作者不再能够获得社会安全保障，我们应为他们提供实现稳定性和灵活性的解决方案，这样才能有利于国家和经济的发展。

他们提出了一种独立于雇主之外的可移植福利机制。如果工作者有多个收入来源，那么这些可移植的福利便可根据这些来源的收入按比例进行分配。这些福利项目应该具有普适性，无论是自由代理人还是长期合同工或雇员，个人应该享受到同样的福利组合。

这个有影响力的团体并没有提供具体的意见，他们更希望开始这样一个对话："本着相同的企业精神和使命，我们邀请政策制定者和相关机构继续这一对话，提供新的见解。"[13]

他们中的一员已经进一步推进了这一想法。Care. com 是一家针对护理和保姆的数字人才市场，它为自己的工作者们创造了创新的"护理福利"。客户只需支付一笔小额的额外费用，就可以享受 500 美元的现金福利，即"护理福利金"（Care Benefit Bucks），它可以被工作者用在医疗保健、交通或教育开支上。[14]希望更多的工作会效仿这种做法。

另一个成员则参与了新的立法工作，该项法案将于 2017 年在纽约实施。Handy 是针对勤杂工和家政工作者的数字平台，它联合纽约的一家州贸易协会科技纽约（Tech NYC）提出了可移植的福利法案。[15]这个自愿性项目的设想是，将参与公司支付费用的 2. 5% 投入福利基金。工作者们可以利用基金购买健康保险或养老金等福利。根据一些人的说法，该法案的关键在于它将这些工作者们定义为独立承包人，有效地将这些零工工作者从加班等就业福利中排除出去。该法案的支持者指出，我们需要循序渐进地向着提升社会安全保障的目标发展。

档案：SHIFTPIXY

随着企业家们在改变立法上的不断努力，有些企业家开始从不同角度来看待这个问题，并且提供了相应的解决方案。下面是有关数字平台 ShiftPixy 的一个案例。ShiftPixy 是一家高度专业化的平台，它针对的领域是大多数人可能会忽视的：餐饮业中的轮班工。大多数服务于连锁快餐店、特许经营店、夫妻店和流行产业的低收入群体拿到的都是最低工资，他们无法吸引大规模的科技投资。这意味着这个群体是庞大且分散的。ShiftPixy 联合创始人史蒂夫·霍姆斯表示，他和合作伙伴看到了为市场双方开发提升效率的应用程序的机遇。该应用程序可以安排工作者的日程，其中很多人需要选择额外的班次才能实现收支平衡，这同时也满足了很多餐馆经营者确保满员到岗的需求。更重要的是，ShiftPixy 代表它的客户雇用这些零工工作者。通过雇用他们的方式，该公司能够让他们从不同的客户那里得到足够的兼职时间，从而有资格获得通常只有全职员工才能享受的福利。它为自己的员工群体创造了可移植的福利。在我意料之中的是，ShiftPixy 宣称其将于今年晚些时候上市。

自由工作者的另一个脆弱之处在于他们没有在职责任险。工伤补偿险通常都将独立承包人排除在外。这方面有一个现成的模式可参考，即黑车基金（Black Car Fund）。正如阿斯彭研究所（Aspen Institute）指出的那样，它可以为新的模式提供灵感。黑车基金创建于1999年，原本是为纽约市的豪华轿车司机设计的。这些司机中的大多数人都是独立承包人，他们没有任何工伤补偿险。现在，该基金覆盖了超过33 000名包括来福车和优步在内的司机。黑车基金向会员收取所有旅程收入的2.5%作为附加费，附加费基金则被用来支付保险费用。[16]

除此之外，围绕独立承包人和保险保障的问题还有很大的不确定性。（实际上，独立承包人分类模糊的问题在保险业中尤为突出。）在这种情况下，一名富有创意的企业家带来了创新案例，而他明白保险市场中的这些问题是没法快速解决的。查德·尼斯克是邦克保险的首席执行官，这是一家为承包人和客户双方同时提供小企业保险的数字平台。查德看到了工作者们在保险补偿上遇到的问题，因此他开发了一个产品来满足这种需求。尽管这并不是纯粹的工伤补偿政策，但该产品几乎涵盖了传统政策所包含的相同类型的工作场所意外事故。就在撰写本书时，该公司正在两个不同的人才平台上进行试点工作：一个是针对建筑工人的；另一个则是面向医疗专业工作者的——这是可能会经受重大工伤事故的两类人群。由于各州都分别规定了保险覆盖的范围，产品的开发过程一度非常烦琐。尽管如此，他们还是获得了A级保险公司的资质，并且他们提供的保险价格也非常合理，低至1美元/天。我猜当他们打算在全球范围内落地时，邦克保险将能够为自己的创新产品提供一个现成的市场。[17]

有关带薪休假的问题更令人生畏。尽管许多人建议从政策层面上解决这一问题，但它更要得到个人的关注。实际上，我们应该记住带薪休假并不是强制性的福利；这是一项不少雇主选择提供的自愿性的福利。因此，自由工作者们可以选择列出带薪休假的预算，甚至可以为它创建一个单独的账户。很多网站都可以提供这种技术，例如 Policygenius. com。实际上，应用程序平衡（E-ven）也可以帮助用户理顺他们的收入。

另一个有关安全保障的问题是，如何避免那些不付钱的赖账客户。纽约市议会在 2016 年 11 月通过了《自由职业不免费法》，该法案支持那些被客户欺骗的自由职业者，并且要求向惯犯处以最高可达 25 000 美元的罚款。我们还不确定其他司法机构是否会采纳同样的法令，但是这确实体现了对自由工作者群体的重要民事支持。

最后，像之前提到的那样，零工劳动力市场的发展并不仅仅是美国独有的现象。随着它的全球化发展，其他国家也在经历着工作模式深刻变化带来的主要结构改革方面的挑战。优步在英国输掉了第一场官司，2016 年 10 月法院宣判优步司机应被视为雇员，因此他们应该享受带薪假期和养老金的福利。在新加坡，一家初创数字平台我的工作（MyWork）设计了针对零工工作者缺少社会保障问题的解决方案，该方案为客户提供了包含中央公积金（CPF）——一种新加坡版本的社会保障方案——的收费选项。[18]希望在世界各地许多国家和公司针对已有问题出谋划策的情况下，大家可以分享各自最好的解决方案。

更大的政策性问题

零工经济的快速增长将从很多方面影响我们的经济和文化。零工经济中人们的工作时间变得更长或更短了，政府引用的失业人口计算方式也不再准确。零工工作者应该被视为失业人口还是就业人口呢？或者是否有一套全新的术语来描述这个新的工作世界呢？《单飞城市报告》的作者建议："我们需要能够反映出现有工作繁多类型以及个体进出于这些工作的速度的全新定义。我们需要全新的工作类型动态模型。"[19]

我们对于以商业周期为基础的就业周期性特点的认识或许也会改变，正如现在工作者可以在停工期间通过数字平台获得额外的工作一样，而这种情况在30年前并不存在。这些周期中的低谷不会太深，因为还有以项目为基础的零工工作可以补充。最近《芝加哥论坛报》（*Chicago Tribune*）的一篇文章报道称，一名优步司机表示如果不是因为他做了优步司机的零工工作，他现在可能就要去领食品救济券了。当经济学家们纠结于哪些新术语能够适应经济方面的根本性变化时，他们或许也需要在这些数据中找到新的常规状态；由于我们正在前行，历史性比较的价值可能并不高。

由于很多人成为收入变化不定的长期零工工作者，房地产市场也可能会受到影响。20年前在M Squared，我们通常要为寻求贷款的独立咨询师提供收入证明。我们的解释是，咨询师的收入是以项目为基础的，而非年薪制，因此这并不能对未来收入做出保证。有趣的是，未来没有哪项固定工作是有保障的，当然这些工作依然带有一种永恒的光环。今天，很多放款人对于他们认为的不稳定的收入依然感到很不满意，即便这些收入来自薪资最高的自由工作者。因此，金融机构或许更不可能放贷。同样，满足于灵活就业状态的个人可能会觉得他们不愿受到还贷的约束，因此人们对房屋所有权的偏好可能也会发生改变。

然而，美国是一个充满创业精神的国家。一些有创造力的企业家有可能会看到这种市场的变形，并为房地产市场创造出一种无需 W2 受雇收入保障的新的抵押产品。金融业充满了种种创新产品的案例，但大多数都是为了卖方、银行和保险公司的利益而设计的。我们需要的是根据消费者需求设计的产品。也许这种产品甚至可以根据以借方变动的收入流为基础的需求进行调整，而不是按照以潜在参考利率为基础的机构需求来调整。作为零工经济中的一员，我非常期待看到他们会开发出怎样的产品。

最后，从乐观的角度看，某些专家认为，日益增长的零工经济模式可以成为难民社区必要的经济推动力。由于越来越多的人在世界各地流离失所，难民营逐渐变成了更加永久性的固定配置。获得收入是其中居民的关键需求。在难民营中执行可以远程完成的工作就可以提供这种收入来源。平等采购（Samasource）是一家为贫困人口提供可以脱贫的科技技能的非营利机构，目前它正在尝试提供这样的就业中介服务。这些努力再加上从互联网设备到虚拟银行等技术基础条件，就可能会为这些弱势群体提供他们亟须的帮助。

第十章	零工经济的未来（一）：政策和政治

本章要点

- 技术、人口发展趋势以及工作者对灵活性工作的偏好，推动了零工经济的持续发展。
- 工作不是职业的同义词。 工作包括更多类型的生产性活动。
- 为了让独立承包人合规性问题合理化，人们提出了不少新的监管模式。 其中的两个重要提议是“自由工作者提案”和“自雇工作者认证”。 这两个模式都有助于简化当前劳动市场的法规。
- 科技专家和权威人士提出了一项保证自由工作者社会安全保障的重要政策性方案，即根据不同收入来源的所得按比例计算的可移植性福利。 部分领先的数字人才平台已经开始应用这一方案。
- 特朗普政府可能会从根本上改变一些法规，这可能会阻碍与独立承包人相关的零工经济以及其他促进零工经济产生的法规（比如《平价医疗法案》）的发展。
- 零工经济上的创新可能来自那些对于法律和监管问题的解决缺乏耐心的创业型公司。
- 零工经济的不断增长将通过其他方式对我们的社会产生影响，如经济计量等。

注释

1. Mayika, Lund, Bughin, Robinson, Mischke, and Mahajan, "Independent Work," p. 67.

2. MBO Partners State of Independence Study, 2016, p. 2.

3. "Randstad US Study Projects Massive Shift to Agile Employment and Staffing Model in the Next Decade," PR Newswire, *www. prnewswire. com/news-releases/randstad-us-study-projects-massive-shift-to-agile-employment-and-staffing-model-in-the-next-decade-300376669. html.*

4. Mayika, Lund, Bughin, Robinson, Mischke, and Mahajan, "Independent Work," p. 4.

5. 该数据曾被多次报道，包括皮尤研究中心、美国退休人员协会（AARP）以及《华盛顿邮报》。韦恩·卡肖在作者对他的访谈中也引用了这一数据。

6. 2016 年 11 月 17 日，纽约州纽约市，莱尔·布雷纳德在由美国联邦储备系统理事会（Board of Governors of the Federal Reserve System）、纽约联邦储备银行（Federal Reserve Bank of New York）和自由职业者联盟共同举办的名为“工作的进化”（Evolution of Work）会议上的演讲。

7. 作者对埃蒙·凯利的访谈。

8. "Work." *Merriam-Webster.*

9. Boudreau, Jesuthasan, and Creelman, *Lead the Work*, location 5100.

10. Seth D. Harris and Alan B. Krueger, "A Proposal for Modernizing Labor Laws for Twenty-First Century Work: The 'Independent Worker'," The Hamilton Project, Brooking Institute, December 2015, p. 10.

11. Richard Menghello, "Sharing Economy Companies All Smiles After Trump's Transpo Pick," JD Supra Business Advisor, December 1, 2016.

12. 2016 年 11 月 29 日，美国东部时间下午 2 点 WorkMarket 组织的线上研讨会。

13. "Common Ground for Independent Workers," Medium. com, November 9, 215, *https://medium. com/the-wtf-economy/common-ground-for-independent-workers-83f3fbcf548 f#. rjitwyqmd.*

14. Abigail Carlton, Rachel Kornberg, Daniel Pike, and Willa Seldon, "The Freedom Insecurity and Future of Independent Work," *Stanford Social Innovation Review*, December 21, 2016.

15. Cole Stangler, "Uber, but for Benefits: NY Tech Companies Propose a Gig Economy Solution," *The Village Voice*, January 3, 2017.

16. Daniel Rolf, Shelby Clark, and Corrie Watterson Bryant, "Portable Benefits in the 21st Century," The Aspen Institute, 2016, p. 10.

17. 作者对查德·尼斯克的访谈。

18. Yasmine Yahya, "Managing the Gig Economy," *The Straits Times*, December 26, 2016, *www. straitstimes. com/business/economy/managing-the-gig-economy-economicaffairs.*

19. Solo City 2016 Report, p. 5.

第十一章

零工经济的未来（二）：工作场所和工作者们

THRIVING IN THE GIG ECONOMY

“未来太明亮，我得戴上墨镜。”

——Timbuk3乐队

第十一章 零工经济的未来（二）：工作场所和工作者们

光辉国际（Korn Ferry）旗下的人才业务部门睿程人力资源（Futurestep）是世界上最大、最受尊敬的中高层人才猎头公司之一，该公司每年都会发布自己的顶尖人才趋势榜单。2017年，位列趋势榜单第一名的便是“零工经济/‘我公司’（Me Inc）的兴起”。[1]作者认为，对于部分公司来说，这是一项从“我要雇用一些人”到“我需要完成一个项目”的战略性转变。零工经济被命名为最流行的趋势，预示着人们将对零工世界产生新的认识。更多的公司会采纳这种工作模式，也有部分公司会发现这么做很困难，而更多的工作者则会选择采纳这种自由的生活方式。数字人才平台Upwork近期的一项名为“美国自由职业”（Freelancing in America）的调查研究了该趋势的心理学因素。其引用的事实显示，60%的自由工作者表示，自由职业已经成为一种更受尊敬的职业选择，[2]这预示着零工经济持续发展的好兆头。而这对企业和工作者们意味着什么呢？让我们探究一下它对近期的影响，然后再讨论长远的期望。

企业问题

任仕达公司近期的一项名为“工作场所2025”（Workplace

2025）的研究将独立专业工作者定义为灵活工作者（如图 11 –1 所示）（我不太明白他们为何又发明了另外一个名词），并且发现公司市场部署这些资源的频率比四年前要高出 1.5 倍以上，即增长速度约为 155%。[3]

灵活劳动力模式

定义：一种通过实时使用合同工、临时工、顾问或自由职业工作者满足人才需求的战略能力

图 11 –1　灵活劳动力模式

资料来源：任仕达，“工作场所 2025”。

随着零工经济在各种规模的企业中变得越来越普遍，它自身的工作环境也将发生改变。承包人和自由职业者将与常规雇员共同完成关键的项目。长期项目的全部或部分内容将由非雇员完成，这些人不会在这里长久地工作下去，但他们却是当下完成这些工作的最佳人选。在工作环境的不断演化中，为了获得合适的专业资源而产生的冲突减少了，因此，找到最合适的人来完成工作则变得更加重要。你必须拥有合适的团队，因为，如果你没有的话，你的对手就将得到这样的团队。同时，你需要认识到，自由工作者的动机与坐在他们身边的雇员有很大的不同（如表 11 –1 所示）。

表 11－1 新工作者范例

雇员	自由工作者
按工资得到报酬	按工作成效得到报酬
在办公室工作	可以在任何地点工作
使用公司设备	BYOD *
攀爬晋升阶梯	是自己的老板
目标——升职	目标——成为专家
眼光长远	没有限制

注：* 自带设备（Bring Your Own Device）。

因此，为了有效地实现这种模式，公司必须做好快速、高效地招募自由工作者的准备。其中应包括合同义务、酬劳支付流程、技术引导（按该工作者接触定制化技术环境的程度提供指导），以及有关公司、部门及/或项目的一些概述等。

对于所有这些工作，现在可以由诸如人才管理领域的新型技术公司这类全新的市场部门来处理。多年以来，物流公司因开发公司供应链管理的创新产品而得到了蓬勃发展。现在，需要管理的供应链则是人才供应链。WorkMarket 等人才管理平台为企业人才供应链的所有环节提供了端到端的解决方案。它们提供自由工作者资源，维护相关合作协议，自动化处理合同条款，从而保证类似“最后期限为九个月”这样的要求不被忽视。这些系统同样可以处理自由工作者合规性问题，在事前对工作者和工作进行评估。

包括 Shortlist 在内的一些平台提供了“灵活人才供应”服务。

如果客户要寻找非常特别的专业资源组合，比如可以翻译塔加路语同时拥有美妆经验的文案，Shortlist 就会和其他平台合作定位这样的资源。这样，它就会成为人才目录的目录。这种能力将成为其客户的一种内在能力，可以帮助这些公司形成对人才市场变化做出快速反应的能力。

同样地，人才供应链的真正创新是伴随着人才社群的到来而产生的。这些社群使得公司能够维护它们自己的人才市场。当一个公司找到一名优质咨询师时，他们有可能会乐意让他参与另外一个项目。这种人才社群的结构让公司拥有了一个包含之前已经参与过公司项目的各类自由工作者的数据库。其中提供了绩效评估和从事过的项目类别的细节、前任项目经理以及其他定性数据。数字人才平台 Upwork 同样提供这类社群，并称之为"专用人才云"。这些社群能够让你和你喜欢的自由工作者建立更长久的联系，而他们是随时可能会因为其他客户而离开的工作者。

"旋转门"是指重要人才随时可能会离开的情况，这是许多公司多年以来一直力图解决的问题，但现在这个问题变得越来越具体了。对于很多人，尤其是那些工作在人力资源领域的人来说，这是一种获得人力资本的非常特别的方式。员工流动率是人力资源领域研究最多的指标之一。通常，较高的人员流动率被视为负 KPI（关键绩效指标）。在零工工作者和雇员构成的全新工作环境里，员工流动率将成为一种很不一样的指标。这里的 KPI 可能是指你的首选顾问的回归概率。

因为实际上，人们会进入一个组织发展自己的专业技能。不少人会留在组织中，但其他人则会成为向市场提供自身技能的独立咨询师。随着时间的推移，同一名工作者可能会以自由职业者或拥有更精深专业技能的员工的身份回到你的机构。这种公文包式的组合职业道路并不符合旧的员工流动率的概念，而且会越来越频繁地出现。实际上，某些科技公司正在开发用来判断员工何时有可能离开公司的行为指标。该公司使用这种信息创造了一个场外交互过程，让离职员工能够和前任雇主保持较强的联系，而这种联系可能会在未来带来回报。

公司则需要再向前迈进一步，认识到自己作为雇主的部分职责正在发生改变。雇主需要协助培训下一代自由工作者，提供管理和领导力方面的专业资源，让他们能够开创自己的职业道路。科技巨头思科公司已经这么做了，它向员工提供以自由职业者身份在由员工和独立承包人组成的项目小组工作的机会。[4]

35 年前，爱尔兰经济学家查尔斯·汉迪指出，公司的角色是成为职业生涯的启动者。原始人才加入企业后，企业会塑造和发展这样的人才，直到他可以独立离开。在他的著作《非理性时代》（*The Age of Unreason*）中，他将这样的角色比作英国军队：没有技能的新兵入伍后，有些人留在了军队，但大多数人最后还是从事了别的职业。由于将军头衔有限，每个人从一开始就明白只有很少的人会继续向这样的等级迈进。那些离开的人拥有了一定的技能，如一定程度的波兰语以及一点点能够让他们在其他组织取得成功的专业成就。他的远见或许更准确地评估了今天的公司所扮演的角色，而非35年前他写作这本书时公司所扮演的角色。通过培训下一代自由工作者，企业将自己设置成未来自己的专业资源扩张的受益者。

然而，通过开发人才战略来部署前任成员的方式确实有些复杂。问题在于如何将灵活的职业生涯道路与退休及福利项目关联起来。例如，玛丽在独立工作了四年后重新以雇员身份回归，在那四年中她发展了独特的专业技能，这使得对她的招聘成为一种颠覆性的行动，她是否应被算作新员工呢？她先前的服务是否应被计入股票期权或退休金计划的资质期呢？那些希望在零工经济中繁荣发展的公司需要在人才获取战略中解决这些问题，避免成为市场中人才自由流动的潜在阻碍。

公司需要通过人才市场来保证它们可以获得最好的资源。在这样的市场中，它们建立了自己的品牌，以期最好的人才愿意为它们工作。在当下的人才竞争中，公司十分关注员工的这一问题。它们期望成为首选雇主。它们希望自己的就业品牌是最好的。但是，它们的咨询品牌呢？公司不仅要考虑成为首选雇主，也要考虑成为首选客户。同样的人才管理系统能够让公司更高效地管理劳动力的各个方面，这将使得自由工作者的流动性变得更强。最优秀的自由工作者能够让自己加入的被视为咨询师和独立承包人最佳工作场所的公司，即首选客户。

成为首选客户将带来一些不可协商的条款，定期和及时支付报酬是至关重要的。自由职业者联盟近期在一些公交车和地铁上打出了“你的90天支付周期无法匹配我的30天租金周期”的标语。公司必须更加适应这样一个事实，即其应付酬劳正在转向个人，因此，延长支付周期可能会带来不利的后果。

更多的高级咨询师可能会被视为合法的独立承包人（尽管存在法律变化的可能），他们会很珍惜在自由职业者的1099报税表格基础上开展业务的机会。由于一些规避风险的公司停止雇用合法的1099独立咨询师，许多投资建立保护性1099自由工作者结构的个人都没法再使用它了。他们要么离开公司，要么同意在W2报税表格的基础上继续工作。这些高端咨询师会欢迎按照他们设计业务的方式支付报酬的机会。

获得扩展技能的机会也是成为受欢迎的客户的关键要素。培训项目是与自由工作者建立联系的绝佳机会，因为很多自由职业者原本没有机会参加这样的项目。例如，一些公司使用永慧（Everwise）人才平台，为员工提供来自其他公司的导师。将这种服务扩展到有价值的独立承包人身上将会建立可观的商誉。

或许重中之重在于，公司将不得不培养“即插即用”的思维，认识到自由职业者的不同目标。例如，双重工作者就是值得支持的一种趋势。在很多学科中，如数据科学和网络安全，工作者想要将工作（可能是全职的）与外部项目结合起来。数字人才平台隐形雇佣（Stealth Hire）上的大多数网络安全专家都是某些机构的员工，但他们将网络零工当作赚取外快的兼职工作，因为他们是唯一有资格从事这项工作的人选。有趣的是，我刚刚接受了一名并不了解零工经济的自由记者的采访，我告诉他，他其实也是零工经济的一部分，因为他签署了一份撰写有关零工经济的文章的合同。他也是这种双重职业者的一员：在从事自由记者职业的同时，他还是亚特兰大一家公关事务所的员工合作伙伴。这篇有关零工经济的文章将拓宽他对一个重要新主题的认识，该主题将有助于他为自己的公司带来更多的价值。希望他也能够意识到自己确实是零工经济的一员。

然而，如果说世界正不顾一切地向着由数字人才平台驱动的“即插即用”的未来迈进则是不公平的。它在这一路上一定会是跌跌撞撞的。有几家资金非常雄厚的平台已经关门大吉。实际上，2016 年是数字平台公司失败数量破纪录的一年。这些高调关门的公司包括：加挂车（Sidecar），它的打车服务很快被优步和来福车取代了；沙德儿（Shuddle），这是一项打车服务，服务于那些需要把孩子送去参加聚会和体育运动的忙碌的父母；以及勺子火箭（Spoonrocket），一种美食速递服务。仅仅这三家公司的融资规模就超过了 7 000 万美元。[5]

以下是平台经济竞争者可能失败的一些理由。[6]

- **互动上的失败**。如果你在要用优步车时找不到车，那么你可能就不会再用它了。
- **参与问题**。平台的参与者们只会停留几分钟，不会像供应商或客户那样留存下来。我参与的八个平台中有三个曾经给我发送过回归平台和重新参与的请求。
- **质量匹配**。如果你没法找到你需要的资源，那么你为什么还要回去呢？某些平台添加了帮助客户找到资源的秘书服务，我认为这是应对这一问题的一种策略。

- **负面关系问题**。表现出不良行为的参与者会毁掉每个人的体验。优步司机涉嫌殴打乘客的事件明显给它的赞助带来了一定程度的负面影响。

不过从长远来看，我们必须承认整个世界将会连接起来。WorkMarket 的首席执行官斯蒂芬·德威特相信这将带来一个算法模型自动提供合适人才的时代。传统的中介公司将被挤出市场。为了构想未来，你必须思考你所了解的未来，因此他常常会使用电影《星际迷航》（*Star Trek*）作为比喻。“如果柯克（Kirk）船长在下一次航行时需要新的专业人员，”斯蒂芬问我，“你认为他只会在领英上发布新的职位吗？”[7]

这就是说，其他权威人士认为中介在组织中扮演的角色越来越重要。例如，《引领工作》的作者们认为，在流动性高端人才的定位、落实和补偿工作上越来越高的精度需求将会带来对高能力中介的需求。毫不奇怪的是，作为一家猎头公司，任仕达在其“劳动力 2025”（Workforce 2025）的报告中也看到了中介功能在工作领域里越来越高的重要性。

很明显，在新的现实情况下，公司开始组织由自由职业者和员工构成的折中团队。新的职位头衔因而不断涌现。首席人事官已经成为一个流行的名词，但是现在又出现了自由职业发展官和自由职业经纪人等新的头衔（我喜欢最后一个）。对此有人提议（尽管我并不特别赞同）用“工作工程师”来“反映新的焦点和任务，即为了实现组织的使命而创造一个工作者和工作环境的优化生态系统”。[8]

工作者的未来

对于那些正在考虑走入自由工作者生涯的人而言，未来是光明的。根据 MBO Partners 2016 年开展的“自由工作者状态”（State of Independence）研究显示，这一人群覆盖了 2 900 万 21 岁以上的美国人。加上已经成为自由工作者的 4 000 万人，未来零工经济的参与者规模将十分巨大。

我对个人以及他们如何在这不断演变的工作世界里设计成功职业生涯的建议，都是采用一种生活方式上的方法。

对于那些非常重视自己事业的人来说，教育是关键。学习工程、市场或金融曾经是一种展开职业生涯的好方式，而现在创业才最关键。如果你想成为“自己的首席执行官”，你需要了解如何运营你的业务。我就自己对于创业者的偏爱表示歉意，但是上述这点对所有人，即便是那些已经在制药业、地球物理学或学术界展开职业生涯的人而言也是如此。为了在接受职业教育的同时赚到外快，在数字人才平台日益普及的情况下，你可以偶尔成为一名自由工作者。在我对优步司机的非正式调查中，一名以开优步作为兼职的老师发出了感叹。他只做过受雇员工，因此对于自由工作者意味着什么一无所知。他希望优步可以给他一纸有关“如何通过优步赚到最多钱”的文件，这样他就可以做好充分的准备接受业务费的扣减了。没有人应该处在对如何在这些职业环境中发展一无所知的状态上。

顺带提一句，我认为我们的教育系统必须跟上这种发展。单飞计划是由 *Inc.* 杂志和《快公司》（*Fast Company*）杂志以及奈特基金会的创始人共同发起的一个项目，旨在探索自由工作者运动和伴随这种运动的公民、社会以及政策上的影响。在 2016 年的《单飞城市报告》中他们指出，创业教育应该从四年级开始。如果这样做的可能性不大，那么基础创业教育应该在高中和大学面向全体学生教授。准系统课程包括会计与税务基础、品牌推广与传播、基础销售培训等。更超前的项目包括为了促进情商发展的组织以及/或心理学上的内容、雇佣框架、筹款基础等。考夫曼企业领导力中心（The Kaufman Center for Entrepreneurial Leadership）提供了多种此类项目，包括一项旨在将这类课程引入社区大学的校园活动。有了这么多项目，我们只要更广泛地推广它们即可。

如果你没有机会在学校里学习创业，那么你就需要自学。2016 年的《单飞城市报告》指出，我们需要"教学生创造工作，而不是教他们如何找工作"，[9]这是一种基于创业思维的技能。此外，考夫曼中心是开始这种学习的好地方。它与可汗学院（Khan Academy）合作，推出了覆盖 600 万学员的创业系列课程，内容包括来自理查德·布兰森（Richard Branson）等卓有成就的企业家的课程。网上还有许多地方可以学习有关这一主题的更多知识，所以尽管去学吧。

档案：BOONLE

一个新兴的数字人才平台正力图成为新创意人才的教育中心。总部位于纽约罗切斯特的 Boonle 被认为是新兴自由职业者获得零工经济市场经验的好地方。它的创始人安东尼奥·卡拉布雷西在罗切斯特理工学院（Rochester Institute of Technology）发起了包含专门设计的项目的试点工作，其中学生可以使用 Boonle 作为开展自由职业业务的跳板。“新手很难在 Upwork 或 Fiverr 平台上得到零工工作。”卡拉布雷西解释道。[10] Boonle 将会为这些新兴的需要创造自己作品集的富有创意的自由人才带来好处。客户可以使用学生作品或加入“VIP”页面，只有那些成功参与了 Boonle 项目的成员才能在其中竞标。尽管没有提供创业或商业管理课程，但他认为这样的内容对未来是一种很好的补充。

对新的工作环境中有助于个人成功的个人特征的识别是单飞城市项目的另一项发现。零工经济的创业要素、灵活性、节奏和不确定性并不适合每个人。报告显示，个人成功最重要的因素在于勇气、接受挫折的能力、从错误中吸取教训的能力，以及同时展现出的坚韧意志。其他重要因素包括对不明朗事物的容忍、合作技能、在常规和创造性领域中解决问题的能力，以及寻求帮助的意愿等。可以理解的是，精通网络和熟练运用个人品牌也是关键的因素。这些因素的完整列表如图 11－2 所示。

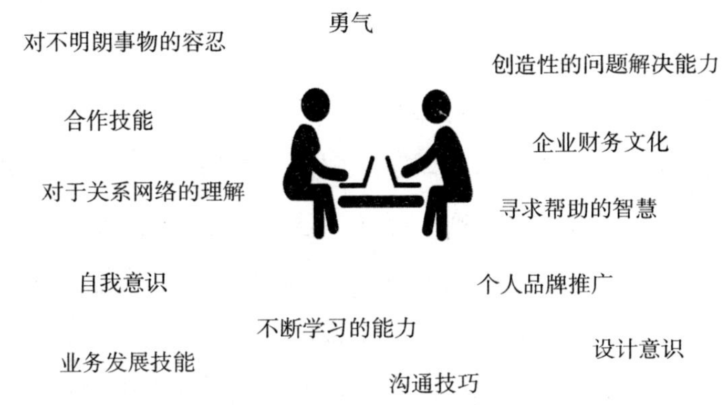

图 11－2　成功零工工作者的特征

资料来源：2016 年《单飞城市报告》。

对于那些处在职业生涯早期阶段，可能正在从事第一份或第二份工作的人来说，他们认为职业发展机遇仅仅来自就业。这些发展属于“软技能”领域，如人员管理等。随着更多的劳动力成为自由工作者，管理能力的普适性将不再如前。大多数婴儿潮一代都在公司里接受过良好的培训，但它们中的大部分都不存在了。同样地，这样的培训也没有从前那么多了。因此，当你有机会参加培训项目，尤其是领导力、沟通和/或冲突处理等方面的培训时，请利用好这些机会。同样，接受任何代表零工工作者特征的软技能领域的培训——诸如合作或设计思维等——也是有价值的。

对于那些刚刚开始或打算迈入独立职业生涯的人来说，个人品牌管理是非常重要的。除了第四章的观点之外，另一个观点是将你的品牌作为你人生设计战略的一部分。“设计你的生活”是斯坦福商学院的一门课程，现在被教授与科技企业家比尔·伯内特（Bill Burnett）和戴夫·埃文斯（Dave Evans）做成了一本书，这是有助于你思考自己品牌的好方法。为了得到工作而调整自己是否能给你带来幸福和满足感？

经验丰富的自由工作者需要适应这个新的工作世界里客户的种种困难。小型公司可能很难保证发展的进度，而大型公司则可能难以调整自己以适应劳动力市场“即插即用”的特性。如果你可以让客户更深入地融入自由工作者的世界，那么你就会和他们建立更紧密的联系。如果你理解了管理首选人才供应商列表、构建人才社群的中介所扮演的角色，那么你就会明白如何更好地维护你和客户之间的关系。如果必要的话，你可以引导客户走入独立人才的领域，帮助他们更加熟练地部署自由职业者劳动力资源。你还可以成为那些想加入独立劳动力群体的个人客户的向导，在职业生涯呈现组合式特性的前提下，这种情况是很有可能发生的。

对于资深自由工作者而言，可以分享的则更多了。有些人建议经验丰富的自由工作者应该为客户开发一种尖叫网（Yelp）点评式的众包服务*，提供可以让客户获得“首选客户”称号的评价体系（不过如何从中盈利还是一个问题）。如果这真的被实现了，那么请一定要参加。零工经济的成功参与者的观点有助于完美描绘这一市场的真实面貌。

---

* Yelp 是美国最大的点评网站。——译者注

同样，新晋自由工作者应该从资深自由工作者那里学习大量的知识，包括客户管理、业务开发、项目出现问题时的高难度对话，或是其他针对独立工作运营的话题。M Squared 为新晋咨询师们就如何管理项目提供了一定程度的培训。克里斯·尼尔是该公司的一名负责人，他指出，由于许多千禧一代在他们的职业生涯中都有很大的变动，他们从没有过拥有导师的机会。[11] M Squared 的“转换实践”项目邀请了项目经验丰富的领导者，因此更多初级独立咨询师们可以从中学到如何获得项目和管理客户的方法。

除此之外，可供选择的培训内容是非常有限的。目前还没有针对独立咨询师的导师网站，尽管我已经建议 Everwise 开创这样一个站点了。领英网站上有一个独立咨询师小组，但我个人并不认为其中的讨论是非常激烈的。在你个人的专业组织以及/或数字社群中，可能会有一些地方能让你为那些积极进取的新一代自由工作者提供建议。数据显示，将有很多人加入零工经济工作者的大潮中来。请务必告诉他们如何在其中茁壮发展。

本章要点

- 公司必须认识到自由工作者的不同特点。
- 公司必须准备好接受公文包式的组合型员工，他们可能会以员工的身份加入公司，然后离开，多年后又以咨询师的身份回归。

- 定制化的人才社群可以让公司轻松地重新部署成功的自由职业者，从而让公司变得更加高效。
- 融合了受雇工作和零工工作的双重职业将变得更加普遍。
- 个人在零工经济中茁壮发展所需的关键技能包括勇气、对不明朗事物的容忍、沟通技能、解决问题的能力，以及商业和金融方面的基础知识等。
- 个人必须培养自己在创业上的能力，这样才能茁壮发展。
- 资深自由工作者应该考虑向新晋自由工作者以及他们的客户传授零工经济市场中的业务诀窍。

注释

1. "Korn Ferry Futurestep Makes 2017 Talent Trend Predictions," Korn Ferry website, December 2016, *www.futurestep.com/news/korn-ferry-futurestep-makes-2017-talent-trend-predictions/*.

2. "New Study Finds Freelance Economy Grew to 55 Million Americans This Year, 35% of Total U. S. Workforce," Upwork press release, *www.upwork.com/press/2016/10/06/freelancing-in-america-2016/*.

3. Randstad, "Workplace 2025."

4. Future of Work podcast, "Why the Future of Work Is All About

People," Episode 93, July 11, 2016.

5. Dara Kerr, "RIP to the On-Demand Companies That Fizzled in 2016," December 18, 2016, *www.cnet.com/news/rip-on-demand-companies-that-fizzled-shutdown-died-in-2016/*.

6. Marshall Van Alstyne, Geoffrey G. Parker, and Paul Choudary, "Pipelines, Platforms and the New Rules of Strategy," *Harvard Business Review*, April 2016.

7. 作者对斯蒂芬·德威特的访谈。

8. Boudreau, Jesuthasan, and Creelman, *Lead the Work*, location 3195.

9. Solo City 2016 Report, *www.thesoloproject.com/the-quarterly/#new-page-1*, p. 33.

10. 作者对安东尼奥·卡拉布雷西的访谈。

11. 作者对克里斯·尼尔的访谈。

附录 A　中介与数字平台公司精选

附表 A－1 并不是包含了所有公司的综合性列表，据我所知，很多公司因为自筹资金或不在美国境内而无法进入公众视野，又或者因为已经停止营业而没有被列入这张表。列表中的黑体字代表的是更传统的中介。斜体字表示已经停业的公司。列表数据来源为 Crunchbase. com（数据获取时间为 2017 年 4 月），各公司的网站也提供了相应的补充信息。

附表 A－1　中介与数字平台

公司	成立时间	资金规模	公司规模	主要领域
99 Designs	2008 年	4 500 万美元， 资金来源：Accel Partners	超过 100 万名自由设计师	带有竞争机制的网页设计和平面设计平台
Agent Anything	2010 年	未公布	位于蒙特利尔	大学生打工平台
Axiom	1999 年	2013 年的数据为 2 800 万美元	11 个办公场所，1 500 名员工	基于技术的法律服务
BellHops	2013 年	2015 年的数据为 1 350 万美元，由 Canaan Partners 领投	在 53 个城市或大学城运营	由大学生提供的交通服务
BlogMutt	2011 年	未公布	10 000 名独立文案	为公司和机构的博客提供内容
Boonle	2014 年	未公布	初创企业	帮助入门级独立创意人士开创自己的业务
Business Talent Group	2007 年	2016 年的数据为 800 万美元，由 Next Equity 领投	分布于美国的 5 个城市，两次进入 *Inc.* 杂志全美发展速度最快的 500 强公司榜单	独立咨询项目

（续表）

公司	成立时间	资金规模	公司规模	主要领域
Caviar	2013 年	1 500 万美元风险投资	被 Square 收购，价值 9 000 万美元	高端餐馆的外卖服务
Cerius Executives	2007 年	私人所有	在 27 个国家拥有超过 6 000 名高级咨询师	临时经理和高级咨询师
Cha Cha Cha	2006 年	1 亿美元风险投资	运营规模逐渐萎缩	针对任何问题提供来自“导师”的回应
Clever	2009 年	自筹资金	8 000 名博客博主	社交媒体网红数据库
ClickWorker	2005 年	2015 年的数据为 1 420 万美元	在 136 个国家拥有 700 000 名自由职业者	处理标准化的任务，开展调查、翻译和研究工作
CoachUp	2011 年	940 万美元，由 NBA 勇士队斯蒂芬·库里（Steph Curry）资助	13 000 名训练员和 100 000 名运动员	为年轻的运动员配对独立教练
Consultants. com	—	由 Global Ventures LLC 支持	测试状态	为咨询师打造数字化品牌的平台
ConsultNet	1996 年	独立运营	1 500 名咨询师和 300 个客户	信息技术和工程项目服务

（续表）

公司	成立时间	资金规模	公司规模	主要领域
CreativeCircle	2008 年	2015 年被 OnAssignment 收购	—	广告和创意人才平台
Curb	2007 年	2014 年 8 月的数据为 1 070 万美元	遍布 60 个城市	出租车司机的优步平台
Dolly	2013 年	2015 年的两轮融资达 970 万美元	5 个城市	一个借助认证“助手”传递任何东西的应用程序
DoorDash	2013 年	1.867 亿美元，由 Sequoia Capital 领投	遍布 250 个城市	餐馆食品外送服务
Eden McCallum	2000 年	独立运营	1 500 个项目，500 名咨询师	拥有咨询师网络的独立咨询师公司
Everwise	2012 年	2 630 万美元，由 Sequoia Captial 领投	250 个创业客户	连接青年人才和导师的人才发展平台
Experfy	2014 年	150 万美元	最大的数据科学家培训平台	数据科学家的人才和培训平台
Expert360（澳大利亚）	2012 年	510 万美元，由 Frontier Ventures 领投	10 000 名认证自由职业者，遍布 87 个国家	项目咨询师

（续表）

公司	成立时间	资金规模	公司规模	主要领域
Fiverr	2010 年	2014 年的数据为 3 000 万美元	声称自 2010 年起完成了 300 000 个零工工作项目	平面设计、网页设计、翻译等
Freelance（澳大利亚）	2009 年	在澳大利亚公开上市，市值 4.55 亿美元	2 200 万名注册用户，发布了 1 000 万个职位	网页开发、平面设计、数字营销移动应用平台
Gengo	2008 年	2 420 万美元，资金来自 24 位投资人	10 000 名注册翻译人员	众筹翻译服务
Gerson Lehrman Group	1998 年	未知	500 000 名思想领袖，1 400 个客户，22 个全球办公室	为短期项目提供咨询专家
Gig Salad	2007 年	100 万名零工	90 000 个品牌	娱乐业、聚会和活动市场
Gigwalk	2010 年	1 780 万美元	—	零工和常规工作者管理平台
Grub Hub	2004 年	于纽约证券交易所上市，2017 年 1 月 3 日市值 31 亿美元	每天有 174 000 个订单	餐馆食物外送服务
Guru	1998 年	1 600 万美元，已被 Emoonlighter 收购	150 万名用户，已完成了 100 万项工作	自由职业者市场、网页设计、信息技术、管理类零工工作

（续表）

公司	成立时间	资金规模	公司规模	主要领域
Handy	2012 年	五轮融资共计 6 070 万美元	2015 年有 100 万个订单	家政服务（水管工、勤杂工、清洁工等）
HourlyNerd	2013 年	2016 年的数据为 2 200 万美元	10 000 名咨询师	针对工商管理硕士的咨询平台，收取 14.5% 的佣金
Instacart	2012 年	五轮投资共计 27 400 万美元	7 000 名购物者	日常用品配送
Lyft	2012 年	10 亿元风险投资	遍布美国 65 个城市	即时用车服务
M Squared	1988 年	2013 年卖给了 Solomon Edwards 公司	公司位于美国加州	项目咨询师和解决方案咨询服务
McKinley Marketing	1995 年	独立运作	公司位于美国华盛顿	为营销项目提供咨询师和承包人
Mech Turk	2006 年	为 Amazon 公司所有	产品处于测试阶段	完成那些计算机无法完成的“人类智能工作”（如图片挑选）
Medicast	2013 年	190 万美元	位于佛罗里达州和南加州	出诊医生呼叫平台

（续表）

公司	成立时间	资金规模	公司规模	主要领域
Munchery	2011 年	五轮融资共计 1.204 亿美元，由 Menlo Ventures 和 Sherpa 共同投资	300 个客户，工作内容每月增长 20%	提供主厨品质的餐饮配送服务
Postmates	2011 年	2.781 亿美元	20 000 名活跃送货员，覆盖美国 40 个主要市场	本地按需食品配送服务，与连锁餐厅合作
RedBeacon	2008 年	740 万美元	被 Home Depot 于 2012 年收购	家政服务、勤杂工等服务平台
Samasource	2008 年	150 万美元	帮助发展中国家工作者的非营利机构	培训工作者的基础技能，同时也是提供零工工作的平台
ShiftPixy	2015 年	目前正在考虑首次公开募股	大部分业务在南加州	为餐馆工作者提供就业的平台
Shortlist	2014 年	100 万美元	目前完成了测试工作	人才管理市场
Shuddle	2014 年	1 220 万美元	在进一步融资失败后关闭了公司	为有运送孩子需求的父母提供租车服务

（续表）

公司	成立时间	资金规模	公司规模	主要领域
Shypp	2013 年	6 210 万美元	由 VentureBeat 估值为 2.4 亿美元	商用和家用船运服务
Skillshare	2010 年	2 275 万美元	200 万名学生，向教师支付了 500 万美元	学生的学习社区，教师人才平台
Spare Hire	2013 年	175 万美元	完成了 100 000 个角色匹配	专注于财务方向的咨询平台
Spoonrocket	2013 年	1 350 万美元	于 2016 年 7 月关闭	高级餐饮配送服务
Sprig	2013 年	5 670 万美元	没有指明	健康食品配送服务
Stealth Worker	2015 年	12 万美元，由创业孵化器 Y Combinator 支持	目前还在测试阶段	数据安全专家平台
Taskrabbit	2008 年	3 770 万美元	不明确；据彭博社报道，它的发展已经停滞	日常杂务相关的应用软件
Thumbtack	2009 年	2.73 亿美元	2015 年有 10 亿个零工工作	家庭杂务平台，如粉刷油漆、疏通水管和杂务等
TopCoder	2001 年	1 130 万美元	被 Appirio 收购	利用众筹资源的信息技术开发平台

（续表）

公司	成立时间	资金规模	公司规模	主要领域
TopTal	2010年	未公开，完成1轮由7名投资人参与的融资	未明确	雇用了前3%的顶尖网络专家、设计师、财务自由职业者
Tripda	2014年	1 720万美元	2016年关闭	长途租车共享服务
Uber	2009年	87亿美元	市场估值超过600亿美元	共享租车服务
UpCounsel	2012年	1 400万美元	声称自己是最大的法律平台	与内行律师沟通的平台
Upwork/ework	2005年	7 400万美元	声称自己是最大的自由职业市场	信息技术、网页开发、初级市场营销等
Wonolo	2014年	790万美元	25 000名经过筛选的工作者	按需散工资源服务
WorkMarket	2010年	4 100万美元	声称自己是位列第一的人才管理市场	管理承包人和自由职业者的人才市场
Zaarly	2011年	1 510万美元	位于三个大城市	面向勤杂工、室内保洁、除草和花园工作者的移动应用
Zintro. com	2010年	未公布	220 000位专业行家	提供从项目到会谈的咨询零工的全球平台

附录 B　我的数字平台体验

附表 B-1　我的数字平台体验

数字平台	信息覆盖的广度	认证	公司信息	零工工作信息	活动	我的零工工作
Consultants. com	○	○	○	○	√	○
ExecRank	■	■	√	■	■	√
Gerson Lehrman	■	■	○	○	○	○
Hourly Nerd	√	○	√	√	√	√
LinkedIn Pro	○	○	○	√	○	√
PWC	■	■	■	○	○	○
Quantifye	√	√	√	○	○	○
Spare Hire	√	√	■	■	○	○

图例	说明
■经常 √偶尔 ○很少/从未	以上是我对自己所加入平台的评分。有些平台只要求我提供领英档案，而其他平台则要求我提供更多的资料。不少平台还有进一步的认证过程。有些平台会发送公司更新信息。其中一个平台还积极地推广其他参与方式。提供可用的零工工作机会是一些平台的常规功能，然而，其中几乎没有符合我的技能储备的工作，至少到目前为止还没有

参考书目

图书

Boudreau, John, Ravin Jesuthasan, and David Creelman. *Lead the Work: Navigating a World Beyond Employment* (Hoboken, N.J.: Jossey-Bass, 2015). Kindle edition.

Evans, David S., and Richard Schmalensee. *The Matchmakers: The New Economics of Mulitsided Platforms* (Cambridge, Mass.: Harvard Business Review Press, 2016). Kindle edition.

Goldman, Jeremy, and Ali B. Zagat, *Getting to Like: How to Boost Your Personal and Professional Brand to Expand Your Opportunities, Grow Your Business and Achieve Financial Success* (Wayne, N.J.: Career Press, 2016). Kindle edition.

Handy, Charles. *The Second Curve: Thoughts on Reinventing Society* (London: Penguin Random House, 2015). Audible edition.

Horowitz, Sara, and Toni Sciarra Poynter. *The Freelancer's Bible* (New York: Workman Publishing, 2012). Kindle edition.

Kossek, Eileen Ernst, and Brenda A. Lautsch. *The CEO of Me* (New York: Pearson Education Limited, 2007). Kindle edition.

McGovern, Marion, and Dennis Russell. *A New Brand of Expertise: How Independent Consultants, Free Agents and Interim Managers Are Transforming the World of Work* (Woburn, Mass.: Butterworth Heinemann, 2001).

Sundarajan, Arun. *The Sharing Economy: The End of Employment and the Rise of Crowd Based Capitalism* (Cambridge, Mass.: The MIT Press, 2016). Kindle·edition.

文章

Adams, Susan. "Little Passports Founders Desperately Wanted VC Cash. Luckily They Got Zero." *Forbes,* November 2, 2016.

Augustin, Sally. "Rules for Designing an Engaging WorkPlace." *Harvard Business Review,* October 2014.

Brainard, Lael. "Evolution of Work," A Convening Co-Sponsored by the Board of Governors of the Federal Reserve System, the Federal Reserve Bank of New York, and the Freelancer's Union, New York. New York. November 17, 2016.

Carlton Abigail, Rachel Kornberg, Daniel Pike, and Willa Seldon. "The Freedom Insecurity and Future of Independent Work." *Stanford Social Innovation Review,* December 21, 2016.

"CFOs Turn to Consultants as Challenges Mount." *Wall Street Journal.* July 25, 2016.

Coldewey, Devin. "Elizabeth Warren Takes on the So Called Gig Economy in a Speech." Tech Crunch, May 20, 2016, *http://techrunch.com/2016/05/20/ Elizabeth-warren0takes-on-the-so-called-gig-economy-in-speech.*

Dame, John. "How the Gig Economy Can Fit Your Business. *Central Pennsylvania Business Journal,* September 30, 2016.

Evans, David, and Richard Schmalensee. "The Business That Platforms Are Actually Disrupting." *Harvard Business Review,* September 21, 2016.

Gandal, Stephen. "Ubernomics: Here's How Much it Would Cost for Uber to Pay its Drivers as Employees." *Fortune,* September 17, 2015.

Gill, Steven. "Good Riddance Gig Economy: Uber Ayn Rand and the Awesome Collapse of Silicon Valley's Dream of Destroying Your Job." *Salon,* March 27, 2016.

"The Global Economy Is Failing 35% of the World's Talent." *Exchange Magazine,* June 29, 2016.

Isaac, Mike. "Ruling Tips Uber Drivers Away From Class Action Suits." *New York Times,* September 7, 2016.

Kerr, Dara. "RIP to the On-Demand Companies That Fizzled in 2016." December 18, 2016. *www.cnet.com/news/rip-on-demand-companies-that-fizzled-shutdown-died-in-2016/.*

Lupion, Lucy, and Jill Rosenberg. "Statutory Protections for Freelance Workers: New York City Paving the Way for a New Category of Worker?" JD Supra Business Advisor. *www.jdsupra.com/legalnews/statutory-protections-for=freelnce-40459.*

McKenna, Francine. "PWC's California Overtime Case Settles, but the Big Four Business Model Will Change Anyway." *Bullmarket. https://medium.com/bull-market/pwc-s-california-overtime-case-settles-but-the-big-four-business-model-will-change-anyway-8598ce74c1da#.id9xohnif.*

Menghello, Richard. "Sharing Economy Companies All Smiles After Trump's Transpo Pick." JD Supra Business Advisor, December 1, 2016.

Nolan, Hamilton. "The Gig Economy Is Growing and it's Terrifying." *Gawker,* March 31, 2016.

"PWC Launches an Online Marketplace to Tap the Gig Economy." *Financial Times,* March 6, 2016.

"Randstad US Study Projects Massive Shift to Agile Employment and Staffing Model in the Next Decade." PR Newswire. *www.prnewswire.com/news-releases/randstad-us-study-projects-massive-shift-to-agile-employment-and-staffing-model-in-the-next-decade-300376669.html.*

Rolf, Daniel, Shelby Clark, and Corrie Watterson Bryant. "Portable Benefits in the 21st Century." The Aspen Institute, 2016.

"Small Agency Series: Hub Strategy and Communications." *The San Francisco Egotist,* October 5, 2016.

Smith, Rebecca. "Most Benefits of the Gig Economy Are Completely Imaginary." *Quartz,* March 4, 2016.

Sommerville, Heather. "Uber Has Lost Again in the Fight Over How to Classify Its Drivers." Reuters, September 10, 2015.

Stabgker, Cole. "Uber, but for Benefits—NY Tech Companies Propose a Gig Economy Solution." *The Village Voice,* January 3, 2017.

Trost, Silke. "Age Matters: Myths and Truths About AME Generational Lifestyles." *Nielsen Global Report,* September 15, 2014. *www.nielsen.com/pk/en/insights/news/2015/age-matters-myths-and-truths-about-ame-generational-lifestyles.html.*

Uzialko, Adam C. "The Gig Economy's Growing Influence on the American Workforce." *Business News Daily,* July 1, 2016.

Van Alstyne, Marshall W., Geoffrey G. Parker, and Paul Choudary. "Pipelines, Platforms and the New Rules of Strategy." *Harvard Business Review,* April 2016.

Williams, David. "Skilled Professionals Will Dominate the Gig Economy, Report Says." *Small Business Trends,* March 17, 2016.

Yahya, Yasmine. "Managing the Gig Economy." *The Straits Times,* December 26, 2016. *www.straitstimes.com/business/economy/managing-the-gig-economy-economicaffairs.*

"From Zero to Seventy (Billion)." *The Economist,* September 3, 2016.

Zumbrun, Josh. "Most Americans Don't Know About Ride Sharing and the Gig Economy." *Wall Street Journal,* May 19, 2016.

———. "The Entire Online Gig Economy Might Be Mostly Uber." *Wall Street Journal,* March 28, 2016.

报告

"Digital Matching Firms: A New Definition in the 'Sharing Economy' Space." Office of the Chief Economist, U.S. Department of Commerce, June 3, 2016.

Farrell, Dianna, and Fiona Greig. "Paychecks, Paydays and the Online Economy—Big Data on Income Volatility." JP Morgan Chase Institute, February 2016. *www.jpmorganchase.com/corporate/institute/document/jpmc-institute-volatility-2-report.pdf.*

"Gig Economy Index," a PYMNTS.com Hyperwallet Collaboration, October 2016. *www.hyperwallet.com/news-announcements/hyperwallet-gig-economy-index-unveils-worker-habits-preferences-future-goals/.*

Harris, Seth D., and Alan B. Krueger. "A Proposal for Modernizing Labor Laws for Twenty-First Century Work: The 'Independent Worker.'" The Hamilton Project, Brooking Institute, December 2015.

Mayika, James, Susan Lund, Jaques Bughin, Kelsey Robinson, Jan Mischke, and Deepa Mahajan. "Independent Work—Choice, Necessity and the Gig Economy." McKinsey Global Institute, October 2016.

"MBO Partners State of Independence in America 2015." *www.mbopartners.com/state-of-independence/mbo-partners-state-of-independence-in-america-2015.*

MBO Partners. "6th Annual State of Independence Study." 2016, *www.mbopartners.com/state-of-independence/mbo-partners-state-of-independence-in-america-2016.*

"Millennials in the Workforce." Intuit, *https://payments.intuit.com/millennials-job-market/.*

Rolf, Daniel, Shelby Clark, and Corrie Watterson Bryan. "Portable Benefits in the 21st Century." The Aspen Institute. 2016.

"Solo City Report." The Knight Foundation and the Solo Project, 2016. *www.thesoloproject.com/the-report/.*

Staffing Industry Analysts. "Measuring the Gig Economy: Inside the New Paradigm of Contingent Work." Staffing Industry Analysts, Crain Communications, 2016.

网络资源

A Connect, *www.a-connect.com.*

Business Talent Group blog. *https://businesstalentgroup.com/blog/.*

Careerbuilder.com. *www.careerbuilder.com/share/aboutus/pressreleasesdetail.aspx?sd=8%2F7%2F2014&id=pr837&ed=12%2F31%2F2014.*

Cerius Executives. *https://ceriusexecutives.com/interim-executive-confidential-independent-executive-4/.*

Dictionary.com. *www.dictionary.com/browse/gig?s=t.*

Freelancer's Union. *www.freelancersunion.org/about/.*

参考书目

The Future of Work Podcast. "Why the Future of Work Is All About People." Episode 93, July 11, 2016.

The Future of Work Podcast. "Why the Gig Economy Is the Future of Work." Episode 61, November 29, 2015.

IRS.gov. *www.irs.gov/pub/irs-utl/x-26-07.pdf.*

Korn Ferry website. *www.futurestep.com/news/korn-ferry-futurestep-makes-2017-talent-trend-predictions/.*

MBO Partners blog. *www.mbopartners.com/resources/article/paperwork-process-politics-government-contracting.*

Medium.com. *https://medium.com/the-wtf-economy/common-ground-for-independent-workers-83f3fbcf548f#.rjitwyqmd.*

Ubiquity. *www.myubiquity.com/educate/.*

Upwork. *www.upwork.com/blog/2009/04/top-100-freelance-blogs/.*

WorkMarket webinar. November 29, 2016, 2 p.m. EST.

作者简介

早在零工经济的概念出现以前，玛丽昂·麦戈文就已经是这一领域的早期企业家了。1988 年，她创办了 M Squared，并且将其发展成了全国性的企业，办公地点遍布旧金山、洛杉矶和圣迭戈。M Squared 是一家利基咨询公司，它通过自己的独立咨询师网络满足客户的需求，同时也是美国国内最早服务于虚拟管理市场的公司。1995 年，她创办了一家附属公司 Collabrus，以解决围绕独立咨询师产生的就业合规性问题，这正是一直困扰着按需经济巨头优步公司的问题。

1999 年，她将 M Squared 出售给了南非的一家公共人力资源公司凯利集团（Kelly Group）。2005 年，玛丽昂聘请了一位新的首席执行官，自己则担任董事会主席。四年后，这名首席执行官离开了公司，凯利集团邀请她以临时身份重返首席执行官的位置。以这个身份工作了一年之后，当经济状况渐渐复苏时，玛丽昂再次退休。她依然保持了董事的身份，直至 2013 年凯利集团将 M Squared 卖给一家美国猎头公司所罗门爱德华兹（Solomon Edwards）。

玛丽昂曾经是一名独立专业资源工作领域发展趋势主题的定期演讲者和投稿人。她曾被汤姆·彼得斯的著作《管理的解放》

誉为创新者。她曾被《快公司》、《财富》和《福布斯》等知名刊物进行专题报道。玛丽昂还是工作场所创新话题的定期演讲者。此外，她还在管理咨询协会、项目管理学会（Project Management Institute）和 *Inc.* 杂志的几场会议上做过主旨发言。她还在美国全国广播公司（NBC）《晚间新闻》（*NBC Nightly News*）、《彭博社报道》（*The Bloomberg Report*）、科技电视（Tech TV）、KRON TV、美国国家公共广播电台（NPR）“技术国度”（Tech Nation）和旧金山 KCBS 广播担任职场趋势专家。她曾受邀成为阿斯彭学院“未来工作”论坛的专题小组成员。2017 年早些时候，她担任了单飞计划研究报告《单飞城市报告》的撰稿人。2011 年，玛丽昂出版了《新时代专业人士》。

2013 年，玛丽昂成为首席执行官联盟的理事。在这个角色上，她协调了首席执行官团队点对点的交流。同样，她以导师的身份服务于三位人力资源领域的年轻首席执行官，并且一直担任他们的长期顾问。

她曾在旧金山大学管理学院（University of San Francisco School of Management）担任了七年兼职教授，向本科生和工商管理硕士教授人力资源与沟通管理的课程。

玛丽昂还是一名活跃的董事会成员。她是 CPP 公司的审计主席，这是一家拥有世界上使用最广泛的心理测量工具——迈尔斯—布里格斯性格类型测试工具（Meyers Briggs Type Instrument，简称 MBTI）的私人出版商。她也是门廊公司（Front Porch）的董事，这是一家为老年社区居民提供住房和居住服务的加利福尼亚公共福利公司。她还是美国全国企业董事协会（National Association of Corporate Directors）以及人力资源管理协会的成员。她也是青年主席组织（YPO）和其校友组织 YPO Gold 的成员。

她还是一名强大的社区志愿者。玛丽昂目前是复浪国际（ReSurge International）的董事会主席，这是一家人道主义非政府组织，它派遣重建外科医生帮助贫困人口，通过全球培训项目培养发展中地区的医疗服务能力。她也是美国肝脏基金会（American Liver Foundation）和汉密尔顿家庭中心（Hamilton Family Center）的董事成员，后者为旧金山地区的家庭提供了无家可归时的避难所。

玛丽昂定期在自己的博客 marionmcgovern. com 上发布文章。她与律师丈夫杰里居住在加利福尼亚旧金山市。他们有三名优秀的成年儿女，以及一条顽皮的拉布拉多小狗。